고마워요
자비명상

마가 스님·이주영
지음

불광출판사

●●● 책을 내면서…

　어느 날 서울역에서 모르는 보살님이 제 소매를 붙들고 "불쌍한 우리 시님! 우짤꼬!" 하며 눈물을 훔쳤습니다. 잠시 가던 길을 멈추고 벤치에 앉아 얘기를 나눴는데 그분은 불교를 믿다가 타 종교로 개종하고 나서 마음의 평온을 얻고 구원을 얻어서 행복하기 이를 데 없어 길거리에 나와 전도를 하고 있다고 하셨습니다.
　"불교는 아직도 불상 앞에서 절을 하니 불쌍하다"는 것이었습니다. 그 분과 헤어져서 몇 달 동안 불상에 절을 하는 불쌍한 불교신자에 대한 말이 제 머리를 떠나지 않았습니다.
　많은 사람들이 불상 앞에 와서 절을 합니다. 신체 중 가장 높은 곳에 위치한 이마를 땅에 대고 정성을 다해 절을 합니다. 그 순간만큼은 정말 진실되게 엎드립니다. 그러던 사람이 법당을 벗어나면 달라집니다. 이마를 땅에 대던 모습은 어디가고 이마를 치켜들기 시작합니다. 서로 잘났다고 키 재기를 합니다. 집에 가서도 그렇고 사회에서도 그렇습니다. 이래서 "불상 앞에서 절을 하는 사람이 불쌍하다 했구나!" 만나는 모든 이가 부처님일

진대 불상을 부처님으로만 알고 있는 것이지요.

　　모든 이에게 부처 대우를 해주면 행복해지는데 그렇지 못해서 갈등과 번뇌 속에 삽니다. 본질을 잃어버리고 현상에 집착해서이겠지요. 마음이 일어나면 마음의 노예가 되어서 행동을 하게 됩니다.

　　부처님께서는 우리에게 불쌍함에서 벗어나 행복으로 가는 길, 마음의 주인이 되는 명상을 가르쳐 주셨습니다. 그러한 가르침을 세상 사람들과 함께 나누고 싶어서 세상 속에 있는 아봐타, 게슈탈트, 감수성 훈련 등 다양한 프로그램들을 쫓아다녔습니다. 그 중 용타 스님이 하시는 동사섭은 제 인생을 밝음으로 빛나게 했습니다. 나를 스스로 보듬어 상처를 치료하여 행복한 길을 찾을 수 있었습니다.

　　참선과 다양한 프로그램을 경험하고 나서 제가 내린 결론은 부처님이 가르치신 명상이 가장 위대한 가르침이라는 것이었습니다. 하지만, 안타깝게도 세상 사람들은 과거의 고통을 부여잡고 있어서 명상을 하기가 쉽지 않습니다. 그리고 세상살이의 장벽에 부딪쳐 오갈 데가 없을 때 마음의 상처를 치료하고 평온해지고 싶어 합니다. 그래서 불교를 찾아가지만 초심자에게는 어려운 부분이 많습니다. 이러한 사람들, 과거의 고통이나 삶의 장벽으로 인해 명상을 하지 못하는 사람들을 위해 만들어진 것이 자비명상입니다.

마곡사 포교국장으로 있으면서 자비명상 템플스테이를 진행하면서 느낀 점이 많았습니다. 집착하던 마음에서 벗어나면 그토록 환해지는데, 그것을 놓지 못하는 분들이 안타까웠습니다. 나를 먼저 보는 게 수행일진대 남을 먼저 보면서 내 마음에 들지 않아 번뇌, 갈등이 생깁니다.

짧은 시간이지만 자기를 보는 자비명상 프로그램을 통해 응어리를 풀고 마음의 변화를 일으켜 행복한 미소를 머금고, 하산하는 분들을 보면서 저 또한 행복했습니다. 자비명상에 참가한 사람들의 변화를 본 많은 분들이 자료 요청을 해 와서 4년간의 활동을 책으로 엮었습니다. 이 책이 '불쌍함에서 벗어나 행복으로' 가는 조그마한 지침이라도 되기를 바랍니다.

상담과 명상을 연결하여 프로그램의 완성도를 높이고 책을 함께 쓴 이주영 선생님과 프로그램을 도와주신 묘운 스님이 계셔서 자비명상이 더욱 빛날 수 있었습니다. 그리고 이 책을 흔쾌히 출판하기로 결정하신 불광출판사와 제방에서 정진하면서 격려해주신 많은 스님들께도 감사의 인사를 드립니다. 동사섭 법회의 용타 스님께도 감사드립니다.

이 책을 읽으시는 모든 분들이 불쌍함에서 벗어나 행복으로 가시길 바랍니다.

천안 성거산 만일사에서
마가 두 손 모음

●●● 차례

• 책을 내면서 __ 2

자비명상 프로그램 참가자를 위하여

　1. 자비명상에서 당신은 무엇을 얻고 싶습니까? ──── 15

　2. 자비명상을 하는 동안 어떻게 보낼 것인가? ──── 18

　3. 소감문 ──────────────────── 20

　4. 자비명상에 참가하기 ─────────────── 28
　　1) 사찰 의식 프로그램 ─────────────── 31
　　　(1) 예불과 타종 __ 31　(2) 108배 자비명상 __ 33
　　　(3) 새벽숲길 걷기 명상, 앉아서 하는 명상, 누워서 하는 명상 __ 35
　　　(4) 발우(떼발우) 공양 __ 37　(5) 울력 __ 38　(6) 스님과 차 마시기 __ 39

　　2) 상담 프로그램 ────────────────── 40
　　　(1) 자기 소개 하기 - 별칭 짓기 __ 41
　　　(2) 친분 쌓기 활동 __ 41　(3) 이것이 나입니다 __ 45

(4) 여보! 이것이 나입니다 __ 51　(5) 내 배우자는 이래요 __ 52
　　(6) 난 이런 배우자를 원해요 __ 52　(7) 가족! 미안해 __ 55
　　(8) 우리 가족 이야기 – 가족 밥상 그리기 __ 56
　　(9) 직장 속 나의 하루 __ 61　(10) 마음 나누기 __ 61
　　(11) 구름이 흩어지고 모이듯이 – 유서 쓰기 그리고 다음 생에는… __ 62

3) 명상 프로그램 ──────────────── 71
　　(1) 쌀 감사 명상 – 쌀이 우리에게 오기까지 __ 72　(2) 나 긍정명상 __ 73
　　(3) 배우자 긍정명상 __ 74　(4) 가족 긍정명상 __ 75
　　(5) 동료·상사 긍정명상 __ 77　(6) 마무리하는 명상 __ 78
　　(7) 자비명상 프로그램에서 개인의 알아차림을 높이려면… __ 86

자비명상 프로그램의 토대

1. 자비명상 ──────────────────── 93
　1) 자비명상 ─────────────────── 93
　2) 자비명상의 이익 ──────────────── 97
　3) 자비명상을 돕는 일상생활 ─────────── 97
　4) 자비명상과 명상 수행 ─────────────── 98

2. 자비명상 프로그램 ─────────────── 99
　1) 명상 수행을 돕는 준비 과정 ─────────── 99
　2) 자비 명상의 첫 대상은 자기 자신입니다 ──── 101
　3) 단계별 특성 ──────────────────── 105
　　(1) 초기 단계에 일어나는 특성 __ 105
　　(2) 자기 긍정명상 단계에서 일어나는 특성 __ 106

(3) 가족 긍정명상 단계에서 일어나는 특성 __ 107
(4) 타인 긍정명상에서 일어나는 특성 __ 107
(5) 미워하는 사람에 대한 명상에서 일어나는 특성 __ 108
(6) 어려운 참가자 대처하기 __ 109

자비명상 진행자를 위한 안내

1. 진행자 자신을 위한 자비명상 프로그램 ——— 118
1) 온전히 자신에게 집중하라 ——————————— 118
2) 자비명상 프로그램 ——————————————— 119
  (1) 108배 자비명상 __ 119 (2) 가족/친구가 소개하는 나 __ 119
  (3) 장점 찾기 __ 119 (4) 이것이 나입니다 – 내면의 나 만나기 __ 119
  (5) 걷기 명상 __ 120 (6) 유서 쓰기 & 용서 명상 __ 120
  (7) 긍정 바퀴 그리기 __ 120 (8) 단점 뒤집어 보기 __ 120
  (9) 미래의 나 칭찬하기 __ 121

2. 일반인 자비명상 프로그램 ——————————— 124
1) 자비심을 확산시키는 법 ———————————— 124
2) 전체 일정과 구성 ——————————————— 126
3) 진행상의 유의점 ——————————————— 128
4) 자비명상 프로그램 ——————————————— 130
  (1) 사찰 의식 프로그램 __ 130
    ① 예불과 타종 ② 108배 자비명상
    ③ 걷기 명상, 앉아서 하는 명상, 누워서 하는 명상
    ④ 발우(떼발우) 공양 ⑤울력 ⑥ 스님과 차 마시기
  (2) 상담 프로그램 __ 135

① 자기 소개하기 – 별칭 짓기   ② 친분 쌓기 운동

(3) 이것이 나입니다 __ 148   (4) 우리 가족 이야기 –가족 밥상 그리기 __ 150

(5) 구름이 흩어지고 모이듯이 – 유서 쓰기 __ 153

2) 자비명상 프로그램 ━━━━━━━━━━━━━━━━ 156

(1) 쌀 감사 명상 – 쌀이 우리에게 오기까지 __ 157 (2) 나 긍정명상 __ 158

(3) 가족 긍정명상 __ 161   (4) 마무리하는 명상 __ 163

(5) 자비명상 프로그램에서 알아차림을 높일 수 있는 질문들 __ 169

① 느낌(감정) 알아차리기   ② 말 알아차리기   ③ 몸 알아차리기

3. 부부 자비명상 프로그램 ━━━━━━━━━━ 174

1) 행복한 부부, 화목한 가정 ━━━━━━━━━━━━━ 174

2) 전체 일정과 구성 ━━━━━━━━━━━━━━━━ 175

3) 진행상의 유의점 ━━━━━━━━━━━━━━━━ 176

4) 자비명상 프로그램 ━━━━━━━━━━━━━━━ 177

(1) 상담 프로그램 __ 177

① 여보! 이것이 나입니다   ② 내 배우자는 이래요

③ 나는 이런 배우자를 원해요

(2) 명상 프로그램 __ 181

① 배우자 긍정명상   ② 배우자를 존중하는 절 명상

4. 가족 자비명상 프로그램 ━━━━━━━━━━ 188

1) 가족, 행복의 시작 ━━━━━━━━━━━━━━━━ 188

2) 전체 일정과 구성 ━━━━━━━━━━━━━━━━ 189

3) 진행상의 유의점 ━━━━━━━━━━━━━━━━ 189

4) 프로그램 ━━━━━━━━━━━━━━━━━━━━ 190

(1) 상담 프로그램 __ 190

① 가족이 개인 소개하기   ② 가족으로 인한 고통

③ 희·로·애·락   ④ 가족(개인) 인생 곡선

(2) 명상 프로그램 __ 195

① 가족 긍정명상   ② 가족을 존중하는 절 명상

5. 직장인 자비명상 프로그램 —————————— 202
1) 스트레스 풀기, 업무능력 향상 ——————— 202
2) 전체 일정과 구성 ———————————— 203
3) 진행상의 유의점 ————————————— 204
4) 자비명상 프로그램 ———————————— 205

(1) 상담 프로그램 __ 205

① 직장 속의 나 – 나의 하루   ② 마음 나누기

(2) 명상 프로그램 __ 212

① 동료·상사·긍정명상   ② 동료를 존중하는 절 명상

6. 교사 자비명상 프로그램 ———————————— 218
1) 학생들의 능력을 일깨워주는 교사 ————— 218
2) 전체 일정과 구성 ———————————— 219
3) 진행상의 유의점 ————————————— 219
4) 자비명상 프로그램 ———————————— 220

(1) 상담 프로그램 __ 220

① 교사 틀을 깨다 – 개싸움   ② 학생(학부모)에게 받는 상처

③ 칭찬하기 실습

(2) 아이들과 함께 하는 자비명상 __ 227

① 칭찬으로 하는 자비명상   ② 아이들과 하는 5분 자비명상

③ 모둠 자비명상(10명 이내)

7. 외국인을 위한 자비명상 프로그램 — 234
1) 한국 불교문화 체험의 진수 — 234
2) 전체 일정과 구성 — 235
3) 진행상의 유의점 — 236
4) 프로그램 — 237

   (1) 문화 체험 프로그램 __ 237

    ① 단청 그리기 ② 연등 만들기 ③ 108염주 만들기

8. 어린이 자비명상 프로그램 — 244
1) 사찰은 즐겁고 편안한 곳 — 244
2) 전체 일정과 구성 — 245
3) 진행상의 유의점 — 246
4) 자비명상 프로그램 — 246

   (1) 사찰 의식 프로그램 __ 246

    ① 예불 ② 108배 자비명상 ③ 명상 ④ 발우 공양

   (2) 상담 프로그램 __ 249

    ① 나를 즐겁게 하는 것들, 화나게 하는 것들

    ② 협동화 그리기 ③ 가족에게 불만 있어요2

    ④ 찰흙으로 마음 만들기 __ 1

   (3) 명상 프로그램 __ 259

9. 청소년 자비명상 프로그램 — 260
1) 주인공으로 살아가기 — 262
2) 전체 일정과 구성 — 263
3) 지도자 — 264
4) 진행상의 유의점 — 265
5) 자비명상 프로그램 — 265

(1) 상담 프로그램 __ 265

① 자유롭게 놀자 - 욕하기   ② 내가 살아온 시간들 - 인생 곡선

③ 용기가 없어서, 부끄러워서 못한 것들

④ 내가 살아남아야 하는 이유

10. 대학생 자비명상 프로그램 ─────────── 274
   1) 삶과 진로에 대한 열쇠 찾기 ─────────── 274
   2) 전체 일정과 구성 ─────────── 275
   3) 진행상의 유의점 ─────────── 275
   4) 자비명상 프로그램 ─────────── 276

     (1) 몸과 마음 바라보기 __ 276   (2) 구나, 겠지, 감사 명상 __ 279

     (3) 내가 살고 있는 삶, 내가 살고 싶은 삶 __ 279

     (4) 부모가 내게 주는 긍정명상 __ 280

11. 실버 세대 자비명상 프로그램 ─────────── 284
   1) 후회 없는 삶 ─────────── 284
   2) 전체 일정과 구성 ─────────── 285
   3) 진행상의 유의점 ─────────── 285
   4) 자비명상 프로그램 ─────────── 286

     (1) 상담 프로그램 __ 286

     ① 내가 살아온 삶 - 인생 곡선   ② 영정사진 만들기

     ③ 구름이 흩어지고 모이듯이   ④ 내가 나눌 수 있는 것들

     (2) 명상 프로그램 __ 287

     ① 용서 자비명상

• 부록 __ 293

• 후기 __ 310

자비명상
프로그램 참가

나를 위하여

1 자비명상에서
당신은 무엇을 얻고 싶습니까?

　　자비명상은 절에 머무르면서 이루어지는 활동입니다. 그러기 위해서는 일상의 생활을 잠시 접어두어야 합니다. 그러므로 이 프로그램에 참여했다는 것은 값진 용기를 내신 것입니다. 여기서 '값진 것'이란 세속적으로 의미가 크고 객관적으로 자랑할 만한 것을 의미하는 것은 아닙니다. 놓을 수 없을 것 같았던 일과 가정, 생각에서 한 걸음 물러나 진정 나에게 소중한 것이 무엇인가를 찾아 나를 위한 시간을 할애했다는 의미입니다. 일을 놓을 수 없었던 사람이 여기서 쉰다는 것만으로도 그것은 값진 것이 될 수 있고, 생각을 놓고 맘껏 게으름을 부리는 것조차도 좋은 약이 될 수 있습니다.

🌱 당신은 왜 자비명상에 참가하게 되셨습니까?
  - 무엇이 당신의 발걸음을 절로 향하게 하였습니까?

🌱 자비명상에서 당신은 무엇을 얻고 싶습니까?
  - 원하는 변화가 일어난다면 당신은 어떤 모습일까요?
  - 당신이 원하는 것이 분명하지 않다면 그것을 찾아보시기 바랍니다.

🌱 자비명상에 먼저 참가한 다른 분들의 말씀을 참조해보는 것도 좋을 것입니다.

> - 월요일 아침, 여느 때와 마찬가지로 주말에 올라온 업무메일을 정리하며 다급하게 업무 인수인계를 하고 대강당에 모였다. 그 때까지만 해도 여느 교육과 마찬가지로 적당히 때우다 올 심산이었다. 한편으론 그동안 쌓인 피로와 매너리즘에 대한 보상 같은 생각이 많았다.
> - 자아발견 교육이라고 해서 처음에 큰 기대는 하지 않고 교육에 들어왔다.
> - 바쁘고, 쳇바퀴 도는 듯한 일상생활 속에서 벗어나 사찰에 도착했을 때도 회사의 남은 일이 머리에 남아서 맴돌았다.
> - 주말에 간다고 하자, 친구들마다 기독교인이 교회도 빠지면서 왜 가느냐고 했다.

- 지금까지의 삶은 잘 살기 위한, 또는 무엇인가를 넣기 위한 교육이 전부였으나 이번 교육은 무엇이든 잊기 위한, 비우기 위한 교육이라는 점이 달랐다.
- 어릴 때부터 꼭 한 번은 절에서 생활을 해보고 싶었다.
- 수련회를 신청해놓고 큰 기대를 하고 온 건 아니었다. 마음이 어지럽고 복잡할 땐 무조건 어디 산에 가서 하루 쉬다오곤 한 나였다. 여느 절과 별 다를 것이 없을 것 같았다.
- 버스에서 내렸는데 공기가 서울과는 달랐다. 풀 냄새와 물 냄새가 느껴졌다. 그리운 냄새였다. 서울의 꽉 막힌 답답한 느낌에서 벗어나 해방감을 느낄 수 있었다. 앞으로의 일정에 기대를 품었다.
- 처음 이 곳에 왔을 때 산속 깊은 곳, 공기 좋은 곳에 와 보니 기분이 상쾌하였다. 교육이 대부분 지루하거나 딱딱한 것이 많은데 첫 수업을 받아보니 다른 교육과는 차이가 있어서 좋았다.

2 자비명상을 하는 동안 어떻게 보낼 것인가?

　　절에 머무는 동안 가장 중요한 것은 타인이 아니라 자신에게 깨어있는 것입니다. 자신의 몸, 느낌, 생각, 욕구에 마음을 집중하시기 바랍니다. 자비명상에서는 기본적으로 예불, 108배 등 사찰 의식을 하면서 자기 자신에 대한 자비로움을 가로막는 부정적인 마음과 경험을 풀어내며 감정과 느낌을 자각하고 표현하는 상담 프로그램이 진행됩니다. 이와 함께 자신과 타인, 배우자의 장점을 찾거나 존중하는 명상 프로그램 시간이 있습니다.
　　예불, 108배, 울력 등 사찰의식 시간에 열심히 참여하시기 바랍니다. '종교가 다르다.' '방법이 마음에 안 든다.' '잠이 온다' 등의 핑계로 지금 현재 해야 할 것에서 떠나려는 마음이 일어나면 그것을 알아차리십시오. 중요한 것은 의식이 아니라 그 속에 참여하는 당신의 마음과 몸입니다. 어떤 생각이 일어났다 사라지는지 알아차리시기 바랍니다.

상담 프로그램을 할 때는 자신의 느낌과 감정에 충실하면 됩니다. 다른 사람이 마음이 안 들면 안 드는 대로, 좋으면 좋은 대로, 마음이 내키지 않는 것은 그렇다고 솔직하게 표현하시면 됩니다. 하지만, 절대로 다른 사람에게 충고하거나 간섭하지 마십시오. 모든 사람들은 자신의 몫을 해 내고 있답니다.

명상 프로그램을 하는 동안에는 자신을 자비와 사랑으로 가득 채우는 데 최선을 다하시기 바랍니다. 자신을 긍정성으로 가득 채우고 배우자와 가족, 타인을 수용하십시오. 함께 살아가는 모두 소중한 존재입니다.

3 소감문

🌷 자비 명상을 경험한 분들이 적은 소감문입니다.

> "1박 2일의 짧은 일정이었지만 앞으로만 숨가쁘게 달려온 내 인생에 큰 쉼표 하나 찍은 듯하다. 돌아보게 하였고, 들여다보게 되었으며 다시 보게 되었다. 내 인생을, 내 주변의 삶들을, 그리고 참된 자비를… 앞으로 막막할 때마다 여유와 즐거움을 찾을 수 있는 계기가 될 것 같다…."
>
> – 참가자
>
> "가끔씩 살다보면 멍해질 때가 있다. 내가 바로 살고 있는 건가 문득문득 의심이 드는 것이다. 새 봄을 맞이하기 전에 꼭 한 번 스스로를 돌아보는 시간을 갖기 위해 이곳에 오게 되었다.

'남의 탓을 하거나, 누군가 나의 소망을 이루어 주기만을 바라지 말고, 지금 내가 처한 곳에서 최선을 다해야 한다'는 마가 스님의 법문에 모골이 송연해지는 느낌이었다. 평상시 잘 알고 있는 것이지만, 이런 저런 핑계로, 내가 상처 받을까 염려되어 지레 겁을 먹고 미처 행하지 못했던 것이 많아 아쉬움이 들었다.

만 하루 동안 소중한 느낌을 얻어 떠납니다. 감사합니다."

– 수선행

"가벼운 맘으로, 단지 새로운 체험쯤으로 생각하고 마곡사 자비명상 템플스테이에 들어오게 되었다. 그러나 내가 살아가고 있는 세상은 결코 가볍지 않고 무척 소중한, 매 순간 순간, 하나 하나 가벼운 것이 없다는 것을 새삼 느끼게 된 것 같다.

사람들 틈에서 살아가면서 계절이 지나감을 전혀 느끼지 못했었는데, 문득 산사에서 하루를 지내고 보니, 봄이 왔음을 알 수 있었다.

보이지 않고, 느껴지지 않는 그러나 실제 존재하고 느낄 수도 있는… 그저 무덤덤하게 스쳐 지난 것들을 생각하고 느끼며 하루하루를 살아가야겠다."

–김**

"자기를 낮춰 겸손하라는 불가의 가르침이 좋고, 정적과 고요 속에 마음의 평상심이 흘러 좋고, 그 동안의 편견과 무지 속에 맴돌던 불교의 오묘한 진리와 가르침이 좋고, 동료들과 눈과 눈을 맞대어 육신의 업이 아닌 마음으로 이야기 나누니 좋고, 동료들에게 내가 줄 수 있는 마음과 감사의 정을 나누어 좋고, 프로그램 속에 있던 마누라와 통화 속에서 점수 따서 좋았습니다. 무엇보다도 짧은 시간 동안이나마 나 자신을 돌이켜 보는 시간들이 있어 감사합니다."

— 참가자

"처음이다. 많은 생각을 할 수 있는 기회였다. 집에서는 남편으로서 아빠로서 또 자식으로서, 회사에서는 부하로서 상사로서 동료로서 그 동안의 모든 느낌과 감정과 일들이 모두 나로부터 기인된 것이라는 걸 깨달았다. 내가 나를 존중하고, 그와 똑같은 마음으로 내 주위의 사람들을 존중할 때, 그 때가 진실로 모든 문제와 갈등이 풀리는 때라는 걸 알았다.

힘들 것이다. 이 마음 간직하기가. 하지만 계속 간직할 수 있도록 마음 수양을 해 나갈 것이다."

— 망(望)

"모처럼 지나온 삶을 되돌아볼 수 있는 기회였던 것 같다. 돌아보건대 어느덧 나 혼자만의 좁은 틀을 만들어 왔고 그 틀로 외부세상, 타인들을 재거나, 해석하거나 이해하는 생활을 해오지 않았나 생각된다. 이번 명상을 계기로 틀을 넓히고, 없애서 나 스스로가 가족에게 주변동료들에게 더 나아가 모든 타인들을 존귀하게 대할 수 있는 그런 사람이 될 수 있도록 노력해 갈 것이다. 마지막으로 지금 나에게 꼭 필요한 계기였던 것으로 생각된다. 이 기회를 소중하게 활용할 것이다. 감사합니다."

– 작자 미상

"평소에 주위 사람들에게 화를 많이 내고 남의 가슴에 칼을 꽂는 아픈 말을 많이 했다.

언제부터인가 남들이 나에게 '왜 화를 내고 있고, 웃지 않느냐'는 말들을 많이 했다. 사소한 일들에 싫증을 내고, 화를 내고 지겨워한 경우가 많았다. 짧은 날이었지만 이것은 잠시 옆에 두고 쉬어가는 좋은 경험을 했다.

언제 다시 화·미움·권태 등이 찾아올지 모르겠지만, 잠시 잊고 살 것이다. 먼 곳에서 잠시 들렀다 언젠가 떠나가는 손님 대하듯이 잠시 옆에 둘 것이다. 언젠가는 지나가겠지만.

좋은 경험했습니다. 오랫동안 느낌 간직하도록 하겠습니다."

– 하늘

"청명한 가을, 그냥 쉬러오자 생각했던 자비명상 템플스테이, '나의 위선과 가식은 다 버리고 나의 틀은 어떠했는가? 나는 누구인가? 우리 가족은 누구인가'에 대해 깊이깊이 생각해본 성찰의 시간이었다. 내가 새겨왔던 틀을 돌아보는 명상의 시간은 '내 육신과 마음 저 밑에 무슨 욕심과 편견을 가져 이토록 혼자

서만 살아왔는가?' 생각하는 계기가 되었다.

　그동안 버렸던 웃음을 되찾고 다시 떨어져 있던 자식을 구하고 무지몽매했던 회사에서 나와 나를 사랑하고 도와주는 동료, 그리고 사랑하는 방법을 몰라 힘들어했을 우리 팀원들을 위해 사랑과 웃음을 준비하겠다. 깨달음을 주신 스님, 이 시간 가슴 깊이 간직하고 이제 행동합니다."

－웃음

"행복은 주어지는 것보다 내가 스스로 만드는 편이 쉽고 빠르겠다고 생각한다. 행복은 갖기(충족)보다는 욕심을 버리는 것이 훨씬 수월하고 쉬울 것이다. 아무튼 좋은 경험이었다."

－정가(定家)

"비록 1박 2일의 짧은 일정이었습니다만 많은 것을 배우고 느낀 시간이었다. 첫 번째는 '나의 존재 － 나의 소중함' 두 번째는 '남에 대한 배려, 이해' 라 할 수 있다. 또 한편으로는 나 자신의 행동의 변화를 찾을 수 있었다. '묵언' 이 아니더라도 '말을 줄이자' 그리고 명상의 시간을 가져보려 한다. 점점 더 급해지는 나의 성격 그리고 주변 환경을 조금만 늦추어보는 명상을 해보려 한다. 아쉬운 점은 일정이 너무 짧은 것이었다."　　－묵언

"회사에서 이번 자비명상 템플스테이 프로그램을 제공해 주

였다. 관람객이 떠난 정말 조용한 절을 체험하기는 처음이다. 나무의 향이 이처럼 진한 줄 처음 알았다. 새벽에 서서 하는 명상 시간에 내 발자국 소리가 그렇게 큰 줄 이제 알았다. 내 움직임이 마치 큰 공장의 기계 돌아가는 것 같았다. 이렇게 섬세하게 느낌 하나하나를 겪을 수 있는 좋은 기회였다. 가족들과 함께 하고 싶다."

―작자 미상

"나는 기독교인이다. 그래서 자비명상 템플스테이를 통해 무엇을 얻을까 하는 것보다는 막연한 호기심에 오게 되었다. 조용한 분위기에서 그저 쉼을 얻어 가면 그만이지 생각했었다. 절하는 것에 대해서도 그다지 유쾌한 경험이 아니었다. 남에게 머리를 숙이고 허리를 굽히는 것 자체를 즐기지 않았고 겉모양의 겸손보다는 속사람의 변화를 믿었었다.

하지만 이번 경험을 통해 마음뿐만 아니라 경건한 모양의 변화가 또한 중요함을 느끼게 되었다. 나를 버리고 나를 굽히게 되면 결국 그것이 나를 높이고 세상을 사랑하게 됨을 알게 된 중요한 경험이었다. '구나, 겠지, 감사'를 잊지 않고 실천하도록 하겠다. 말과 표현, 겉모양의 변화를 통해 속사람을 다스리겠다."

― 공심(空心)

"가슴이 먹먹해지고 뻥 뚫리는 이런 체험 활동은 처음이다.

사진의 틀을 무한대로 넓히라는 스님의 말씀을 시작으로 '만남' 과 '강변 살자!' 노래로 내 마음 속의 설움이 북받쳐 오르는 것을 시작으로 눈물은 끝없이 흘러내렸다. 평소 사람을 보고 이런 저런 이유를 대며 사람을 미워하던 소갈머리 없는 내 마음의 편견을 내려놓았다. 너도 나도 둘이 아닌 하나라는 생각을 가지게 되었고, 마지막 프로그램에서 더더욱 내가 존귀한 존재며 불성의 종자를 가진 사람이라는 것을 깨닫게 되었다."

- 바람소리

"명상 및 새벽기상으로 힘들긴 했지만 모두 마무리하고 나니 '각각의 프로그램이 유기적으로 잘 조화를 이루고 있다' 라는 생각이 든다. 특히 마지막 과정 정리 프로그램이 좋았다.

한 가지 아쉬운 점은 마가 스님과 참여자들 간에 자유로운 대화시간이 있었으면 한다. 팀장님들에게 맞는 프로그램 개발에 힘써 주신 점 다시 한번 감사드리며 진행을 도와주신 모든 분들의 행복을 기원한다."

—이**

"수없는 사찰순례를 해 봤기에 여느 때처럼 그러려니 아무 기대 없이 참가했는데, 부드러운 말씨며 선량한 외모부터 가까이 갈 수 있었음에 고마운 마음이 들었다. 치밀한 계획에 프로그램이 바뀔 때마다 감동을 주었고 늘 흐르는 눈물에도 부끄러운 생각조차 들지 않을 정도로 감동 그 자체였기에 스님에 대한 무한한 존경심에 그저 감사할 뿐이다."

－작자 미상

"그렇게 많은 세월을 부처님께 절에 스님께 정신없이 보냈었건만 남은 게 없다는 생각에 우울하기조차 했었는데 자비명상 수련은 다시 한 번 나에게 용기를 주었고 남은 생은 더욱 잘해야겠다는 다짐까지 하게 됐다. 이 프로그램을 위해 심혈을 기울이신 스님께 고개 숙여 감사드리면서 가족이 모두 수련할 수 있기를 소원합니다. 정말 고마웠습니다. 그리고 사랑합니다."

－ 빛

"누구에게나 마찬가지겠지만 나를 돌아보기에 충분한 시간이었고 무엇보다 자기 장점 발표하기를 해서 나 아닌 다른 이들에게 정말 좋은 장점을 배워나가야겠다고 다짐했습니다.

또한 '험한 세상의 다리가 되어' 라는 순간적인 체험은 저 자신도 장애를 언제든 가질 수 있기에 건강한 신체를 주신 부모님께 감사함을 느낄 수 있었습니다. 그 외에도 죽음을 앞두고 30분간의 시간을 가져보았는데 죽음 앞에선 그 어떠한 보석도 필요 없음을… 매 순간 행복을 온몸으로 느끼며 살아야겠다는 생각을 해 봅니다."

－보리도

4 자비명상에
   참가하기

어떤 프로그램이든 하기 싫은 마음이 올라오거나 힘들어도 순간순간 최선을 다하는 것이 좋습니다. 그리고 모든 프로그램의 중간이나 마무리에는 눈을 감고 몸과 마음을 알아차리거나 자비명상을 하라는 종을 치는데 그 때는 바로 눈을 감는 것이 좋습니다. 그 순간 자신에게서 일어나는 말하고 싶은 마음이나 욕심, 몸의 긴장이나 흥분을 알아차리는 것은 참선이나 위빠사나 등 불교명상 수행에 도움이 됩니다.

첫째 날에는 익숙한 것에서 벗어나 새로운 것을 처음 만나는 날입니다. 사찰 입구에서부터 신경쓸 일이 많을 겁니다. 차를 가지고 오셨다면 출입이 번거로우셨을 것이고, 걸어서 오셨다고 해도 입장료를 관리하시는 분들을 만나셨을 것입니다. 다행히 그분들이 친절하고 편안하게 맞아주셨다면 감사할 일이지만 그렇지 않으셨다면 그 순간 자신에게 올라온 성냄이나 실망, 속상함을 알아차리시기 바랍니다. 그 사람들에 대한 불만은 수련이 끝난 후에 적어주시면 됩니다. 지금부터 시작입니다. 자신에게 마음을 집중하십시오.

접수를 할 때도 마찬가지 일이 일어날 수 있습니다. 낯섦, 막막함 등의 감정을 관찰하시고, 새로운 모습에 도전해 보십시오. 지켜야 할 규칙에 대하여 설명을 들을 때는 '내가 할 수 있을까' 하는 의심이 일어날 수 있습니다. 특히 새벽에 일어나야 한다는 부담감과 108배는 두려워하는 마음마저 일어나게 할지도 모릅니다. 아무리 힘들어도 당신이니까 할 수 있습니다. 스스로를 믿으시기 바랍니다.

처음 만나는 사람에게 자신의 이야기를 하는 상담 프로그램도 쉽지만은 않을 겁니다. '친한 사람에게도 하기 힘들었던 이야기들인데…' 하는 마음으로 주저함이 일어나는 건 당연한 일입니다. 그 속에서 자신의 마음을 잘 살펴보십시오. 내가 얼마나 내 이야기를 하고 싶어하고, 들어줬으면 하고 바라는지 말입니다.

당신이 망설임에서 벗어나 용기를 가지시기를….

둘째 날에는 침묵할 때 침묵하고 말할 때 말하는 것이 자연스럽게 일어났으면 좋겠습니다. 새벽 예불이 가장 부담스럽겠지요. 지난밤에 낯선 환경에 잠을 설쳤다면 더욱 더 힘든 아침일 겁니다. 그래도 몸을 깨워보시기 바랍니다. 처음에는 안 하겠다고 버티지만 조금 있으면 새벽 공기의 신선함을 몸이 더 좋아하게 됩니다.

예불문은 사찰에 준비되어 있습니다. 절을 하면서 암송하는 것을 따라 해 보십시오. 틀리면 어떻습니까? 처음 하는 의식인데 틀리는 게 당연하지요. 예불을 하고 나서 108배 자비명상이 시작됩니다. 시간으로 치면 20여분밖에 걸리지 않는데 처음 하게 되면 1시간은 족히 한 듯한 느낌이 들 겁니다. 하지만 할 수 있습니다.

새벽 걷기 명상과 좌선에도 깨어있도록 해 보시고, 처음으로 시작되는 자기 긍정 명상과 가족 명상에도 즐겁게 참여하시기 바랍니다. 서서히 감정이 드러나고, 침묵의 시간이 생기면서 내부에서 많은 일들이 일어날 수 있습니다. 두려워하거나 피하지 말고 그대로 자신을 바라보십시오. 항상 밖으로만 치닫던 마음이 안으로 들어오면서 자연스럽게 나타날 수 있는 현상입니다.

그리고 상담 프로그램 때에는 많은 이야기가 올라올 겁니다. 주저하지 마시고 해 보십시오. 당신을 변화시킬 수 있는 것은 당신 자신뿐입니다. 침묵과 대화에서 자신에게 깨어있는 것을 잊지 마시기를….

셋째 날은 사랑스러운 내가 세상 속으로 나가는 날입니다.

새벽예불이나 108배 자비명상, 명상은 익숙해져서 조금 편안해 지는 날입니다. 스님과 차도 마시면서 사는 이야기를 나누시고, 타인을 존경하는 절 명상을 할 때는 온 마음을 다해 그 사람이 행복하기를 기원하십시오. 그리고 다른 사람이 당신에게 존중과 자비로운 절을 할 때는 온전히 받아들이십시오. 그것이 힘드시면 불편한 그 마음에 의식을 집중하시기 바랍니다.

자비명상을 끝내고 집으로 돌아가는 날이지요. 잘 지냈습니다. 함께 했던 사람들과 스님, 후원에서 지원해 주신 분들께 감사의 인사를 하고, 세상 속으로 나가시기 바랍니다. 사찰에서처럼 마음이 편안한 삶이 계속 되시기를 바랍니다.

1) 사찰 의식 프로그램

일반 사회와는 다른 일정으로 진행되는 사찰 의식에서는 침묵과 고요함, 인내를 배우시고, 그 속에서 내게 일어나는 생각, 불편함, 느낌을 알아차리시기 바랍니다. 자신에게 깨어있는 생활이 스님들의 삶입니다.

(1) 예불과 타종

예불 때 치는 사물(불교의식에 사용되는 네 가지 법구)은 각각의 의미를 가지고 있습니다. 법고는 짐승을 깨우치기 위함이고, 구름처럼 생긴 운판은 하늘을 날아다니는 중생을 제도하기 위함이며, 나무로 만든 물고기 모양의 목어는 물 속에 있는 모든 생명을 깨우치기 위하여, 그리고 범종은 천상과 지옥에 있는 중생을 구하기 위한 것으로 아침에는 28번, 저녁에는 33번을 칩니다.

스님들이 범종을 치는 시간에는 천상과 지옥에 있는 중생이 편안해지기를 바라는 자비의 마음을 가지시기 바랍니다.

- TV에서만 보던 종을 직접 쳐 보니 훨씬 마음이 트이는 기분이었다.
- 스님께서 치시는 북소리가 상당히 리듬감이 있고 흥겨웠다. 저녁 달빛이 생기기 시작해 절의 정경이 굉장히 멋스러웠다.
- 덩 하고 종소리가 울려 퍼지는데 마음이 웬지 짠했다.
- 이른 새벽에 다른 스님들이 먼저 오셔서 예불을 드리고 계셨는데, 좀더 부지런해져야겠다는 생각을 했다
- 종소리를 들으면서 마음이 가벼워졌고 맘이 편안해짐을 느꼈다. 좋다. 종소리와 하나가 됨을 느낄 수 있었다.
- 종소리가 맑고 그 여운이 잔잔하여 마음이 정화되는 것 같았다.
- 예불은 처음 해보는 것이라 처음에는 무섭고, 어려웠으나 점차 경건한 마음이 들기 시작했다.
- 속이 텅 비는 듯한 느낌이 들었다. 머릿속이 맑아지며 잡념이 흩어지는 듯했다.

(2) 108배 자비명상[1]

108배 자비명상을 할 때 부처님을 존경하는 마음으로 절을 하거나, 자신 안에 있는 불성의 씨앗에 절을 하거나, 자신의 행복이나 소원이 성취되기를 바라는 마음을 내는 등 절을 하는 목적은 여러분의 선택입니다. 중요한 건 목적이 아니라 절을 하는 당신입니다.

예불이 끝난 뒤 죽비 소리에 맞춰 절을 하는데 이때에는 절을 하는 동작뿐만 아니라 '이걸 왜 해? 우상 숭배 아냐? 왜 이렇게 시간이 안 가?' 등 마음에서 일어나는 많은 생각들과 느낌을 알아차려야 합니다.

절과 명상이 끝난 뒤에 나누는 시간이 있습니다. 잘 알아차리십시오. 당신이 108배 자비명상을 할 때 108배 자비명상만 하는지 과거와 미래로, 생각과 느낌으로 왔다 갔다 하면서 시간을 보내는지 잘 살펴 보십시오.

- 108번 절을 하면서 거기에 담긴 의미를 생각했다. 인생을 살아가면서 챙겨야 하는 사람들과 소중한 가치들에 대해서 다시 한번 생각해 볼 수 있어서 좋았다.
- 108배를 처음 해보았다. 58번째 '내 마음을 따라가지 말고 내 마음의 주인이 되라' 는 말이 가장 절실하게 다가왔다.

---

[1] 108배 자비명상은 김영동의 CD '생명의 소리' 에 맞춰 108배를 하는 것입니다. 절을 할 때마다 절을 올리는 대상이 다릅니다.

- 절을 할 때마다 나오는 문구들이 나에게 해당되는 것들일 때는 다짐도 하고 반성도 했으며, 나에게 해당되지 않은 것들일 때에는 그 사람들의 입장을 생각해 보게 되었다.
- 새벽에 일찍 일어난 것도 그랬고 종교를 떠나 상당히 괜찮았다. 사실 기독교여서 좀 그렇긴 했는데 간절한 맘으로 하나님께 기도를 드린다는 마음으로 했다.
- 108이라는 숫자에 지레 겁을 먹긴 했지만 하나, 둘… 50… 100 절을 하여 나에 대해 모든 이들, 그리고 모든 것들에 대해 머리로만 아는 것들을 가슴으로 깨닫게 되었다.
- 첫 번째부터 마지막 절까지 모두 하나하나 의미가 있는 108배를 했기 때문에 생각했던 것보다 힘들지 않았다. 고 3인 동생의 수능 대박을 기원하였다. 나에 대해 생각해 볼 수 있는 시간이었다.
- 가족의 소중함, 이웃, 친구의 소중함, 나의 소중함에 대해 생각했다. 내가 존재할 수 있음에 감사하고 나를 위해 도움을 주는 주위 사람들에게 감사드렸다. 힘들었지만 108배를 마치고 나니 뿌듯하고 자신감도 생겼다.
- 무릎, 나리, 팔 등이 너무너무 아팠다. 수능시험 때 부모님들의 천배기도 이야기가 떠올라서 부모님의 자식에 대한 무한한 사랑이 느껴졌다.
- 108배를 하면서 하나하나 절에 대한 이름을 붙여 이렇게 정성껏 마음을 넣어 절을 해보기는 처음인 것 같다.

(3) 새벽숲길 걷기 명상, 앉아서 하는 명상, 누워서 하는 명상

　명상은 밖으로 향하는 산만한 마음을 안으로 들어와 고요하게 쉬는 역할을 합니다. 발의 움직임이나 느낌, 감각 등을 전혀 알아차리지 않고 아무 데나 걷던 습관을 버리고 발의 움직임에 집중하면서 걸어보십시오. 그 과정에서 자신의 마음이 발이 아닌 어떤 곳으로 끊임없이 가고 있는 것을 보게 될 겁니다.

　편안한 자세로 앉아서 스님이 안내하는 대로 명상에 참가하시면 됩니다. 자신에게 일어나는 여러 현상들을 따라가거나 매달리지 말고 가만히 보십시오. 내가 평소에 몸뿐만 아니라 마음을 얼마나 바쁘게 움직이는지 알게 되는 행운을 누릴지도 모르겠습니다.

　잠자기 전에 하는 명상입니다. 가만히 누워서 몸의 변화를 알아차리시기 바랍니다. 배의 일어남과 사라짐을 관찰하는 것이 가장 좋은 방법입니다. 조금 알아차리다 보면 몸과 마음이 이완되어 저절로 잠에 빠져들게 됩니다. 잠들기 직전까지 알아차림을 잡아 보시기를….

- 걸으면서 옷깃이 스치는 소리, 살과 살이 맞닿는 소리 등 일상생활에선 전혀 느끼지 못한 미묘한 것들에 집중할 수 있었다. 나 스스로를 더욱 사랑할 수 있었다.
- 처음에는 춥고 느리게 걷는 것에 스트레스를 받았다. 하지만 산행 말미에는 몸이 도리어 상쾌해지고 마음이 차분히 가라앉

는 것을 느낄 수 있었다.
- 한 걸음 한 걸음 걸으면서 내 마음에 무엇이 가득 차 있는가를 느꼈고 잡념을 하고 있는 나를 인식할 수 있었다. 정말 의미 있는 시간이었다.
- 어떠한 소리도 나지 않은 길을 걸으면서 내 발자국 소리가 그렇게 크다는 것에 놀랐다.
- 세상은 항상 깨어있다는 것을 느꼈다.
- 새벽이라 추웠다. 그래서 마음을 바라보기가 힘들었다. 그 추운 와중에도 온갖 잡다한 생각이 나 즐겁기도 하고, 걱정되기도 하였다. 그리고 어느 순간에 마음이 평온해지는 것도 느꼈다. 하지만 추위를 느낄 때면 빨리 들어가면 좋겠다는 마음이 들었다.
- 춥긴 했지만 산책로 옆에 흐르는 계곡물 소리를 듣고 밝게 떠 있는 달도 보고 새벽의 조용함을 느꼈다. 다른 사람들보다 일찍 일어나서 새벽을 느끼고 나니 하루가 맑고 상쾌할 것 같다.
- 물가에 비친 나무와 법당을 보며 물속에 다른 세계가 있는 것 같은 착각이 들었다. 환하게 하늘을 비추는 달과 별을 보며 도시와 많이 떨어져 있다는 생각이 들었다. 새벽 날씨가 너무 추워 덜덜 떨기도 했지만 오랜만에 맑은 공기를 마실 수 있어 좋은 시간이었다. 따뜻한 방바닥이 정말 고마웠다.

(4) 발우(떼발우) 공양

발우 공양은 익숙하지 않을 때는 불편하고 긴장되는 식사법이지만 몇 끼만 먹고 나면 편리하고 경제적이라는 것을 알게 됩니다.

발우 공양을 할 때에는 음식을 집어서 입에 넣고 삼키는 동작 하나하나와 더 먹고 싶어하는 마음, 맛없으면 밀쳐내는 마음 등을 알아차려야 합니다. 그리고 씹을 때는 씹기만 하고, 집을 때는 집는 동작만 하면서 알아차리는 것이 중요합니다. 우리들 대부분은 음식을 씹으면서 다른 반찬을 집고 숟가락을 움직이는 등 여러 동작을 함께 합니다. 그러면 알아차리기가 힘들어집니다.

떼발우 공양이라는 말은 큰그릇에 함께 밥을 비벼 먹는 방법입니다. 밥을 비벼 함께 먹는 기쁨을 만끽하시고, 깨끗하고 더러움에 대한 생각, 자신의 식사습관, 음식 취향에 대해서도 알아차리시기 바랍니다.

- 발우공양이라는 말에 처음부터 매우 긴장이 되었습니다. 그릇을 들고 경건한 마음으로 천천히 감사함을 생각하며 식사를 하였습니다. 왜 이걸 해야 하는지 의문이 들었으나 세제 사용 없이 깨끗하게 하는 것이 괜찮다는 생각이 들었습니다. 인식을 바꾸면 느낌 또한 달라진다는 것을 알았습니다.
- 절에서 밥을 처음 먹어봤는데 남김없이 모든 잔반을 먹어야 했다. 평소에 입이 짧아서 조금 안 맞으면 밥을 남기곤 하였는

데 음식 하나하나의 소중함을 느낄 수 있었다.
- 사실 어떻게 먹었는지 정신없었지만 좀 지나서 생각해보니 왜 내가 꺼려하고 먹기 싫어했나 싶다. 모든 것이 내 마음속에 있는데…. 나 자신을 다시 봐야겠다.
- 맛있게 먹고 물을 부었을 땐 표정이 일그러졌다. 그러나 막상 먹고 보니 별거 아니란 생각이 들었다. 문득 원효 대사의 '해골물 이야기'가 떠올랐다. 물맛은 먹을 만한데 찌꺼기라는 생각 때문에 속이 메스꺼웠다. 모든 것은 마음 먹기 나름이라는 것을 실감했다.

(5) 울력

수련생들이 함께 사찰을 청소하는 것입니다. 청소를 할 때 내게 일어나는 마음이 어떤 것인지 살펴 보십시오. 하기 싫어하는 마음이 일어나는지, 힘들고 귀찮은지, 즐겁고 상쾌한 일인지 살펴 보세요. 평소 자신의 생활 태도가 드러나는 시간이 될 수도 있습니다.

- 사찰마다 바닥에 빗사루 자국이 있는 걸 보고 의아했었는데, 아침 일찍 스님들이 이렇게 빗자루로 깨끗이 쓸었던가 보다.
- 큰 대나무 빗자루가 익숙하지 않아서 손이 아팠지만 바닥이 깨끗해지는 걸 보니 내 마음도 맑아지는 느낌이었다.
- 여러 명이 일을 할 때 '나 하나쯤이야!' 하는 생각을 한 적이

> 있었는데, 모두 일을 열심히 하니까 일이 빨리 끝났다.
> - 처음에 빗자루로 바닥을 쓸 때는 힘들고 하기 싫었으나 끝날 때쯤엔 뿌듯하고 좋았다.

(6) 스님과 차 마시기

스님들은 우리와 다른 별세계의 사람 같지만, 화내고 웃고 마음을 다치는 똑같은 사람들입니다. 함께 차를 마시면서 인간적인 스님들의 모습을 편안하게 만나보시기 바랍니다.

> - 평소 차 마시는 법에 대해 알고 싶었는데 좋은 경험이었다. '걱정과 생각을 마시지 말고 순수하게 차를 마셔보자' 라는 스님의 말씀이 기억에 남는다. 차 한잔 걱정 근심없이 마실 수 없는 바쁜 우리의 일상이 서글펐고 조금은 여유를 갖자고 생각했다.
> - 천천히 차를 마시면서 일상에서 잃었던 여유로움을 느낄 수 있었다. 어떤 걱정도 하지 않고 고민도 떨쳐내고 마음 편히 차 마시기에 집중하면서 마음 속 고요를 느꼈다.
> - 차는 따를 때마다 향과 맛이 다르고 차를 마실 때에는 잠시나마 마음도 편해지고 속도 따뜻해져서 기분이 좋았다.
> - 자연 속에서 차를 마시니 마치 신선이 된 듯한 느낌이었다.
> - 차의 향과 맛을 느꼈고 차를 마신 후 명상을 할 때 계곡물 흐르는 소리를 들으니 마음이 편안해 지는 느낌이었다. 공부에

> 대한 압박감을 좀 덜어낸 기분이었다.
> - 차 한잔이라도 차분히 몰두하여 마시는 것이 힘듦을 느꼈다.
> - 차 마시는 그 잠깐의 여유가 나에게 필요하다는 것을 느꼈다. 학교 생활에 쫓겨 너무 여유를 갖지 못한 점을 반성하였다. 바쁘더라도 차를 음미하며 여유를 가져야겠다고 생각했다.

2) 상담 프로그램

간단한 자기 소개에서부터 가족 이야기까지 자신의 삶과 관련된 이야기를 하는 시간입니다. 처음에는 낯선 사람들과 이야기하는 것이 어색하고 힘들지만, 조금씩 마음이 열리면 편안하게 이야기를 할 수 있을 겁니다. 자신의 이야기 중에서도 마음이 아픈 내용은 말하기가 어려울 것입니다. 자신이 감당할 수 있을 만큼만 개방하시기 바랍니다. 그렇지만 마음에 있는 것을 많이 드러낸 사람일수록 떠날 때는 마음이 가벼워진답니다.

그리고 다른 사람의 이야기에도 귀를 기울여 보시기 바랍니다. 우리는 평소 익숙한 대로 자신의 이야기만 할 가능성이 높습니다. 다른 사람에게 관심을 가지는 것은 나를 사랑하는 또 다른 길입니다. 자신의 마음을 표현할 때는 생각보다는 느낌을 중심으로 말하는 것이 좋습니다. 느낌을 찾는 것이 서툴기 때문에 간단한 연습이 있을 것이고, 느낌 용어를 모아놓은 종이를 나눠드립니다. 생각보다 연습이 많이 필요할 수도 있습니다.

(1) 자기 소개 하기 – 별칭 짓기

제일 처음 접하는 이 프로그램은 처음 만나는 사람과 인사를 하고, 마음을 여는 역할을 합니다. 소개를 할 때는 별칭을 지어서 해도 되고, 본명을 사용해도 좋습니다. 그러나 사회에서 익숙한 역할, 즉 엄마로서, 부모로서, 교사로서, 학생으로서가 아닌 자신의 모습으로 소개를 해 보시기 바랍니다. 자신의 장점을 살려 별칭을 지어보는 것도 좋습니다.

자기 소개를 하면서 조금씩 마음이 열리는 기분을 느껴보시고, 2박 3일간 자신을 찾는 여행을 함께 갈 사람들은 어떤 이름을 지었는지 관심을 가져 보십시오. 우리는 같은 배를 타고 운항을 시작했습니다. 어떤 이름으로 불리고 싶으십니까?

"나는 '맑음' 입니다. 맑은 마음의 줄임말입니다. 맑은 마음을 다른 사람에게 나누고 싶습니다."

"나는 패션감각이 있고 옷을 잘 입습니다. 지금부터 '패션디자이너' 라고 불러주세요."

"저는 몸이 뚱뚱해서 S라인이 되는 것이 소원입니다. 여러분! 'S라인' 인사드립니다."

(2) 친분 쌓기 활동

어색함을 풀고 다른 사람들에게 관심을 가지면서 동시에 자신의 모습을 바라볼 수 있는 활동들로 이루어집니다. 평소에 사람을 사귀는 것이 쉽지 않았던 분들은 다음에 소개하는 활동에 적극적으로 참여해 보십시오. 어색함과 친근함 등 기분의 변화를 놓치지 마십시오.

하나: 눈으로 말해요.

아무런 말을 하지 않고 상대방의 눈을 바라보는 것은 처음엔 어색하고 힘듭니다. 웃음도 나오고 어떻게 해야 할지 몰라 당황스럽기도 합니다. 그렇지만 어색하고 난감한 기분을 알아차리고 두세 명과 눈을 마주치다 보면 자연스러워집니다. 나중에는 눈을 마주치지 않은 사람에 대한 아쉬움마저 생깁니다.

상대방의 눈을 바라보면서 말없이 이야기를 나누거나 가만히 그 사람의 눈을 바라보면서 떠오르는 장면이나 눈빛에서 전해지는 느낌을 그대로 받아들여보십시오. 사람마다 눈의 느낌이 다르고, 당신에게서 일어나는 눈빛의 모습도 보는 사람마다 다를 수 있습니다. 때로는 같은 느낌을 받은 사람이 있다는 것에 놀랄 수도 있습니다.

우리가 상대방의 눈을 쳐다보지 못하는 이유는 자신의 내면에 있습니다. 자신의 생각에 갇혀 있으면 타인과 접촉하기 힘듭니다. 여러분은 어떤 때 다른 사람의 눈을 쳐다보기가 힘드신지요?

- 처음에 눈을 쳐다보고 있으려니 쑥스럽기도 하고, 부끄럽고 웃음이 나와서 혼났다. 두세 사람 만나니까 편안해졌다. 신기했던 것은 만나는 사람마다 눈에서 전해지는 느낌과 분위기가 모두 다르다는 것이었다. 어떤 사람은 슬퍼보였고, 어떤 사람은 개구쟁이 같은 이미지가 떠올랐으며 어떤 사람은 쳐다보기가 어려웠다. 평소에 내가 다른 사람의 눈을 잘 쳐다보지 않는다는 걸 알았다.

둘 : 나는 너 너는 나

내가 타인이 되어 소개를 하는 프로그램입니다. 먼저 두 사람이 자신의 장점, 성격 등에 대해 이야기를 나눕니다. 그리고 난 뒤 서로 이름표를 바꿔 달고 자신을 소개합니다. 내가 햇살이고 옆 친구가 이슬비입니다.

"저는 이슬비입니다. 음, 저는 친구들과 잘 지내는 사교적인 성격이고 이야기하는 것을 좋아합니다. 제가 잘하는 것은 빨래와 청소이고, 싫어하는 것은 설거지입니다."

나와 상대방이 헷갈리기도 하고, 소개할 때 뒤섞여서 나오기도 하지만, 상대방을 있는 그대로 소개하는 경우가 많습니다. 자신이 본 그 사람이 되어 소개를 하는 것이므로 당연히 낯설겠지요.

내가 다른 사람이 되어 소개할 때와 상대방이 나를 소개할 때 어떤 어려움이나 차이점이 있는지 느껴보십시오. 끝나면 이야기할 시간이 있습니다.

> - 내가 타인이 되어 그 사람 소개를 하려니 힘들었다. 그리고 무슨 이야기를 들었는지 생각이 나지 않았다. 내가 이야기를 잘 듣지 않는가 보다.
> - 상대방이 나를 소개하는 걸 들으니 새로웠다. 내가 미처 알지 못했던 부분에 대해 강조해서 말할 때는 신기하기도 했다. 나도 모르는 나를 타인이 알다니 놀랍다.
> - 내가 된 상대방에게 질문하는 것을 들으니, 내가 가진 문제를 좀 알 것 같기도 했다.

셋 : 상상의 나라

마음을 편안하게 하고 진행자가 안내하는 대로 마음을 움직이십시오. 처음에는 생각이 자꾸 떠올라 상상을 방해할 수도 있습니다. 몸과 마음을 편안하게 가지시고 흐르는 대로 따라가시기 바랍니다. 여전히 상상이 일어나지 않는다면 생각이 많다거나 평소 생활에서도 긴장을 하고 살았을 확률이 높습니다.

혹, 상상이 잘 되지 않더라도 편안하게 받아들이고, 순간 뭐가 스쳤다가 다시 생각으로 빠질 때도 그것을 알아차리시고 나중에 나누기를 할 때 이야기하면 됩니다.

상상이 끝나고 이야기를 할 때나 들을 때는 내용에 관심을 가지고, 왜 그런 상상이 됐는가에 대해서 분석하거나 궁금해 하지 마시고 그대로 받아들이시기 바랍니다. 그것이 나의 모습을 일부 드러내는 것일 수도 있지만 바로 답이 찾아지지는 않을 것입니다. 2박 3일 동안 찾아질 수도 있고, 평생 화두로 갖고 살아야 하는 경우도 있으니까요.

> • 나는 눈을 감자마자 화려한 레이스 모양의 화장대가 되었습니다. 주위의 가구들은 갈색 톤의 무늬가 없었는데, 나는 두드러지게 예쁘고 멋졌습니다. 친구들도 나를 부러워하였습니다. 저는 한껏 나를 뽐내면서 자랑을 하였습니다. 조금 뒤 주인이 들어왔습니다. 그런데 그 주인은 나보다는 다른 가구들에게 관심을 보였습니다. 칠이 벗겨진 부분을 만져보고, 고장 난 곳이 없는지 꼼꼼하게 살폈습니다. 샘이 나서 삐져있는데 주인이 와서 절 쓰다듬어 주었습니다. 기분이 무척 좋았습니다.

(3) 이것이 나입니다[2]

자신이 살아온 삶과 현재 자신의 모습에 관한 이야기를 나누는 시간입니다. 어떤 내용이나 주제를 선택하든 30분간은 당신의 마음대로 사용할 수 있습니다. 당신의 이야기에 토를 달거나 충고를 하지 않고 가만히 들어주는 사람도 있습니다. 구체적으로 무슨 이야기를 할까 망설임이 일어날 겁니다.

---

[2] 프로그램 참가전에 과제를 내거나 자비명상 중에 함께 적어보는 시간을 가지는 방법도 좋다.

하지만 아무 내용이나 시작해 보십시오. 하기 전에 세우는 계획과 예상은 많은 경우에 빗나갈 확률이 높지요. 바로 당신의 삶과 이야기를 나누어 보십시오.

상대방의 이야기를 들을 때에는 하고 싶은 이야기가 많을 겁니다. 그렇게 살지 말지, 이렇게 했으면 하는 안쓰러운 마음도 올라오고…. 그래도 나중에 하시고 30분간만 참으시고 상대방의 삶과 함께하시기 바랍니다. 그 사람도 당신만큼이나 현명하고 소중한 삶을 살아온 사람입니다. 그 사람에게 필요한 것은 충고나 제안이 아니라 그대로 수용하고 들어 줄 누군가입니다. 당신이 그 든든한 버팀목이 되어 주십시오.

> 나는… 언제부터인지 잘 모르겠으나 나에 대해서 말할 때 분명하게 '난 이래'라는 대답을 하지 않고, '난 이런 특성이 있고 저런 면도 있고 이럴 땐 이래' 등의 말을 하게 된다. 시간이 흐르면서 내가 미처 알지 못했던 많은 부분들이 드러나기 때문에 지금 내가 말하는 나는 지금 현재 내가 지각하는 내 모습이며, 변화과정에 있는 나일 것이다.
>
> 아침을 좋아한 나… 나는 조용한 아침의 상쾌함과 평화로움을 좋아한다. 고등학교 때부터 난 아침을 기다렸다. 밤에 들리는 엄마의 잔소리와 비명, 아버지의 욕설, 그리고 동생의 바쁜 걸음소리를 들으면서, 방안 구석에 웅크리고 앉아 엄마를 원망하고

아버지를 무서워했다. 상황이 빨리 지나가기를 간절히 바랬으나 그만두라는 말을 하지 못할 만큼 무서웠고 슬펐다.

그러나 무서운 폭풍이 아침이 되어 사라지듯이 나는 아침을 맞으며 안도했다. 그 때부터 난 준비물 요구를 핑계로 두려움과 비참함을 떨쳐버리기 위해 엄마에게 짜증 섞인 고함을 질러댔다. 그렇게 난 엄마가 이혼을 하지 않고 멍청하게 당하고 산다는 이유로, 폭력을 일삼는 아버지에 대한 분노와 미움으로 내면을 척박하게 만들고 있었다.

엄마를 생각하면 참 마음이 아프고 속상하고 미웠다. 평생을 아버지에게 상처받고 생채기 나는 모습이 너무나 싫었었다. 그러한 엄마의 모습은 나약하게 보였고 좀더 강했으면 당하고만 살지는 않을 거라는 생각을 했었다. 난 엄마처럼 살지 않을 거라는 말을 수없이 되뇌이면서 강해져야만 했다. 그러나 공부를 하면서 나를 알게 될수록 난 엄마와 많이 닮아있었다. 내 모습을 인정하면서 엄마의 삶이 아프게 다가왔고, 엄마를 닮은 약하고 여린 내 모습도 자연스럽게 받아들일 수 있었다.

아버지! 우리 아버지!

이 글을 쓰면서 눈시울이 붉어질 정도로 아버지의 삶이 마음 아프다. 아버진 배우시지 못한 한을 꽁꽁 감추어둔 채, 당신이 아는 것이 적다는 것을 인정하지 못할 정도로 자존심 또한 강하신 분이다. 난 아버지의 외도와 폭력의 원인이 아버지의 뿌리 깊은 열등감 때문이라는 생각을 했다. 그래서인지 남자들을 만날 때 학력을 중요시하고, 열등감을 가진 사람을 꺼리게 된다.

그리고 할머니! 평생을 시장에 채소를 내다 파셨던 할머니를 따라 자주 시장에 갔다. 그 곳에서 난 할머니가 시장의 동향을 파악하시는 동안 채소를 지키면서, 많은 사람들이 부지런하게 세상을 살아가는 모습을 보았다. 이 경험은 사람들에 대한 깊은 애정과 신뢰감으로 이어졌고, 무슨 일이 일어났을 때 상황이나 현실을 빠르게 파악하는 데 영향을 미쳤다. 땀으로 모으신 돈을 손녀 등록금으로 내 놓으셨던 할머니가 돌아가셨을 때, 난 든든한 지지자가 세상에서 사라지는 슬픔과 허전함이 들었다.

힘이 나던 곳, 학교.
집에서의 슬픔과 두려움을 잊을 수 있는 학교가 있는 것만으로도 좋았다. 공부를 열심히 했으며 당당하게 친구들을 리드했고 사랑받았다. 집과 학교, 아침과 밤에 일어났던 감정의 폭이 컸던 만큼 힘들고 아팠지만 학교가 있었기에 살아갈 수 있었다.
집을 떠난다는 목표를 가지고 공부를 하여 대학을 가게 됐고, 그 곳에서 정말 신나는 생활을 하게 됐다. 시골아이의 순수함과 낙천적인 성격, 활동적이고 당당한 기질 등을 맘껏 발휘하며 지냈다.

졸업을 할 무렵 내 인생에서 가장 큰 충격을 받게 해 준 사람을 만났다. 지금 생각해 보면 해결되지 않은 아버지에 대한 분노와, 한편으로 돌봄과 사랑을 받고 싶어하는 내 욕구가 모성본능으로 나타난 일이었다. 그 사람의 단점이 많이 보였지만, 아버지가 반대한다는 이유로 끝내지 않았고 그로 인해 상처를 받게 되었다. 지금은 그 사람을 받아주지 않으신 아버지께 감사한다.

그 사람으로 인해 난 세상에 못 믿을 사람이 있다는 것을 알게 됐고, 사람에 대한 특히 남자에 대한 불신을 가지게 되었다. 그 후로 오랫동안 그 불신은 날 따라다녔고, 결혼을 하지 않는 큰 이유 중의 하나가 되기도 했다. 그 무렵 충격과 상처에서 벗어나기 위해 불교 관련 책들을 읽었고, 상담심리 공부를 시작했다.

상담을 공부하면서 참가한 프로그램은 나에게 의미가 있었는데 특히 처음으로 참가한 동사섭은 기억이 깊다. 한 남자에게서 느꼈던 배신감으로 세상 전부를 불신하던 난, 몹시 우울하고 무거운 상태였다. 그런데 그 곳에서 사람들과 함께 나를 돌보는 시간을 가지면서 웃음을 되찾았다. 그리고 소중한 도반을 만났다.

아이들… 내가 만나는 아이들…

난 13년간 아이들을 만나온 교사이다. 처음에 난 자유롭고 활발한 에너지를 가진 아이들을 내가 만든 틀 속에 넣으려 했다. 내 틀에 대한 성찰이나 의미를 탐색하지 않고, '얘들이 왜 이래?' '말좀 듣지!' '그렇게 하질 못하냐?' 라는 불만을 토로했다.

그런데 상담을 공부하고 난 지금은, 아이들과의 갈등 상황에서 문제의 원인을 아이들에게만 돌리지 않는다. 지금 현재 교사인 내 상황에 어떤 이유가 있는 것처럼 아이들 역시 어떤 이유가 있다. 그 이유를 이야기하다 보면 아이들의 행동을 이해할 수 있다. 이런 점에서 교사들은 자신을 이해하고 바로 보는 작업을 먼저 해야 한다. 그래서 교사들과 함께하는 상담활동에 관심이 많다. 나와 함께했던 많은 선생님들은 상담 경험을 통해 자신을 이해하고 받아들이고, 그것을 아이들을 수용하는 힘으로 이어간다.

미얀마에서의 위빠사나 수련은 내가 참 편안하고 평화로운 마음을 가진 사람이라는 경험을 한 좋은 기회였다. 명상 센터에서 거의 말하지 않고 좌선과 행선을 하면서 내면을 만나는 시간은 소중했다. 불교 관련 책에 나오는 개념들이 직접 체험되는 기쁨 역시 엄청났다. 상담에서 상처의 치유와 위로, 지지를 받았다면, 명상에서 경험한 것은 좀더 깊은 마음의 평화와 행복이었다. 내가 경험한 이런 기쁨이 너무 컸기 때문에 상담과 명상의 장점을 함께 접목하는 연구를 하고 싶다는 생각을 하게 됐다.

돌이켜보면, 지난 시간에 일어난 고통과 아픔은 내 삶에서 참 의미 있었던 일이었다. 대학 4학년 때의 그 사람은 내 삶을 좀더 확장시키는 길로 돌려놓는 전환점이 되었고, 사람들과의 관계 갈등을 경험한 대학원 사건은 모든 것을 다 알고 있다는 자만심을 인간에 대한 깊은 이해로 바꾸어놓은 기회가 되었다. 그리고 인간이 어떤 상황에 매몰되면 어리석어질 수 있다는 것을 알게 해 주었다.

상담과 명상을 통해 얻은 편안함으로 지금은 나 자신에게 일어나는 많은 현상들을 바라본다. 그리고 다른 사람들과 활발하고 건강한 관계를 맺고, 그 속에서 내가 가진 여러 모습들을 드러내고 있다. 또 내가 해오지 않던 스타일을 시도하면서 어색함과 즐거움을 함께 느끼고 있다. 무엇보다 기쁜 것은 상담 과정뿐만 아니라 일상생활에서도 스스로의 힘으로 내면이 치유되는 경험을 한다는 것이다.

(4) 여보! 이것이 나입니다

여러분은 평소 남편이나 부인에게 얼마나 이해 받고 싶으셨습니까? '나에게, 내 삶에, 내 고통에 조금이라도 관심이 있다면 어떻게 그럴 수 있어?' 라는 말을 속으로 많이 되뇌였을 것입니다.

지금이 그 기회입니다. 자신의 모든 것을 이야기하십시오. 타인을 원망하는 시간이 아니라 자신의 삶에 대해 이야기하는 것입니다. 어떤 부분을 알면 자신을 가장 잘 이해할 것 같습니까? 그 부분을 중심으로 이야기하십시오. 모르기 때문에 이해하지 못하는 부분도 있습니다. 혹시 자존심 상해서 이야기하지 못한 부분이라도 이번 기회에 마음을 열어 보십시오.

상대방이 이야기를 할 때는 가만히 들으십시오. 이야기에 토를 달거나 충고하지 마시고 이야기를 그대로 들으십시오. 그것이 당신이 할 수 있는 최선입니다. 당신은 평소에 얼마만큼 배우자의 삶에 관심을 갖고 있었습니까? 이야기를 듣고 미안함이 일었다면 미안함을, 감사한 마음이면 감사함을, 위로가 필요하면 위로를 하시되, 바로 하지 마시고 하루를 마무리하는 장에서 하시기 바랍니다.

(5) 내 배우자는 이래요

평소에 말하기 힘들었거나 풀리지 않은 감정이나 불만을 이야기하는 마당입니다. 부정적인 감정을 이야기할 때는 상대방을 공격하지 말고, 자신의 생각과 느낌을 표현해야 합니다.

예를 들어 "설거지를 할 때 텔레비전만 보고 있는 당신을 보니 정말 화가 나고 짜증이 나더라" 이런 식으로 말입니다.

"당신이 나한테 해준 게 뭐야?"

"남이 정신없이 일하는데 넌 뭐했냐?"

이런 식의 표현은 서로의 감정만 상하게 할 뿐입니다. 그리고 배우자 자신에 대한 불평을 이야기할 때는 가만히 듣고 난 뒤에 자신의 입장을 말하는 것이 좋습니다. 기억하시기 바랍니다. 이곳에 싸우러 오지 않았습니다.

(6) 난 이런 배우자를 원해요

남편이나 부인에게 무엇을 원하는지 말하는 시간입니다. 평소에 바라던 것을 구체적으로 표현해야 합니다. '그런 것까지 말해야 하나? 말 안 하면 몰라?' 하는 마음이 들더라도 최대한 자세하게 말해 주어야 상대방이 실천할 수 있습니다. 말로 표현되지 않으면 대부분의 사람은 잘 모릅니다. 상대방이 알 거라고 착각하는 경우가 대부분입니다.

혹 상대방의 요구를 희망대로 받아주기 어려운 경우에는 상황을 설명한 뒤에 안 된다고 분명하게 말하는 것이 중요합니다. 미안한 마음에, 거절하기 힘들어서 말하지 않게 되면 더 큰 갈등이 발생할 수도 있습니다.

부부가 쓰는 편지

"우리가 만난 지도 벌써 2년이 다 되어가는구나. 다른 커플처럼 '퇴근 후 짧은 연애' 과정 없이 늘 붙어서 지냈으니, 조금은 심심했을지 모르겠어. 하지만 우린 부부 같은 연인, 연인 같은 부부로 큰 다툼 없이 사랑의 나무를 가꿔왔잖아. 행복하기 그지없다. 당신의 마음을 다 헤아려주진 못했지만, 사랑하는 마음에는 변함이 없어. 사실 바쁘다는 핑계로 내 감정을 막연하게 다 알아주기를 바랬었지. 그런데 이렇게 함께 걸으며 말을 나누니 당신의 느끼는 감정을 알아차릴 수 있을 것 같아."

―이**

"여보! 이번 부부명상에서 얻은 것이 있다면, 익숙함에서 낯섦을 발견한 거예요. 정작 함께 살면서 우리는 '서로의 마음을 알아서 알 거라'는 착각 속에서 살았을지도 몰라요. 이제는 눈으로 말하고, 입으로 서로를 듣기로 해요."

—송**

"전쟁 치르듯 살았죠. 바쁜 나날은 정작 나를 생각할 여유를 주지 않았어요. 시부모와 친정부모, 그리고 남편과 자식들이 전부였으니까요. 지난 해 가을, 당신이 교통사고 났을 때 이런 상상을 했었죠. '당신이 내 곁을 떠난다면' 하고 말이죠. 그런데 저도 모르게 가슴이 '콩닥콩닥' 뛰었고, 두려움이 거침없이 다가왔어요. 순간 당신을 봤어요. 자고 있는 당신에게서 안심을 얻게 됐죠. 지금도 그 상상만 하면 자다가도 눈이 활짝 떠진답니다. 여보! 건강하게 삽시다. 그리고 죽을 때까지 지금처럼 살아요."

"고맙다고 표현하지 못한 경상도 사나이를 이해해줘요. 그간 섭섭했던 점이야 하나 둘이 아니겠지만, 강물처럼 그냥 흘려 보냅시다. 앞으로는 당신과 나를 위한 삶도 삽시다. 서로에게 버팀목이 됐듯이 말이오."

"나의 눈이 맑지 못해 당신이 불법을 담은 그릇이고 부처인 것을 몰랐습니다. 그저 불상에만 절을 했었죠. 매일 일과 스트레스를 달고 살던 당신에게 '더 사랑해 달라. 더 아껴 달라' 며 당신에게 부담만 주었죠. 그런 제가 부끄럽습니다. 앞으론 당신이 부처님입니다."

―서**

"사랑하는 서**!

항상 고맙고 든든하고 미더운 사람, 당신은 늘 별 말없이 내게 힘이 됐습니다. 우리 아들 용석에게는 친구였고, 내게는 늘 연인입니다. 여보! 이렇게 살아갑시다."

―정**씨

2005. 8. 16 현대불교에서.

(7) 가족! 미안해

가족 각자에게 미안한 점이 있으면 사과를 하는 시간입니다. 마음을 있는 그대로 표현해 보십시오.

"지민아, 엄마는 네 동생이 어려서부터 많이 아파서 너무 스트레스를 많이 받았단다. 그걸 너에게 짜증으로 푼 것 같아서 많이 미안하다. 일부러 그런 건 아니었는데 네가 상처를 받았을 생각을 하니 마음이 많이 아프다. 너를 챙겨주는 것도 소홀했었어. 정말 미안해."

> "엄마! 제가 동생이 아파도 잘해주지 못하고 엄마에게 떼쓰고 해서 죄송해요. 엄마도 힘들었을텐데 제 생각만 한 것 같아요."
>
> "여보! 당신이 나를 잘 챙겨주었는데 간섭이라고 생각하고 귀찮아했었어. 내가 무뚝뚝해서 당신의 세심한 마음을 못 읽어서 너무 미안해."
>
> — 2005. 8. 16 현대불교신문 인용

(8) 우리 가족 이야기 - 가족 밥상 그리기

드라마에서 그려지는 화목하고 다정한 가족들의 모습은 일상생활에서는 찾아보기 힘들 정도로 가족은 우리에게 많은 아픔과 고통을 줍니다. 든든한 후원과 지지로 살아가는 힘을 받기도 하지만 가족은 갈등의 장소이기도 합니다.

가족을 밥상에 올려 놓아보십시오. 누가 밥인지 국인지, 어떤 반찬이었는지 그리십시오. 생각나는 대로 그리시면 됩니다. 중요한 것은 그림 솜씨가 아닙니다. 그림이 자신의 마음을 표현히는 자연스러운 도구가 아니라, 잘 그린 그림, 못 그린 것 등으로 평가받아온 우리로서는 그림을 그리라는 말에 주저하게 됩니다. 그 마음을 잘 보시고 그림을 그려보십시오.

그림을 그리고 난 뒤에 가족 이야기를 하는 시간입니다. 자신의 입장에서 바라본, 부모님이나 형제, 가족 분위기에 대해서 편안하고 솔직하게 이야기를 하면 됩니다. 하시고 싶지 않은 이야기라면 하지 않으셔도 되고, 눈물이 나시면 눈물을 수용하십시오. 다른 가족들의 이야기도 들어보시기 바랍니다. 나와 비슷한 때론 나보다 행복하거나 불행한 가족사를 가진 사람들도 있을 겁니다. 자신의 느낌을 온전히 받아들이십시오.

- 이 그림을 그린 분은 자신을 젓가락으로 그렸습니다. 반찬과 음식을 먹는 데 없어서는 안 될 것이 젓가락입니다. 따라서 자신을 가족에게 없어서는 안 될 소중한 존재로 여기고 있습니다. 건강한 것이지요. 그리고 오빠는 가족의 중심에 놓음으로써 가족의 대소사를 이끄는 사람으로 지각합니다. 그림을 그린 분이 결혼을 하게 되면 부모님에게서 독립하는 것이 중요하며, 부모들도 딸을 한 가정의 아내로 받아들여야 합니다.

🌱 여러분은 모두 가족호의 선장입니다.

가족 자비명상 소감문

자기 장점 찾기를, 징검다리를 건너며를 하며 재미있었다.

떼발우가 맛있었고 심지어 비빔밥을 먹고나서 그릇에다 국을 넣어서 마셨다. 그런데 특이하게 나는 그 국물이 맛있었는데 다른 사람들은 맛이 없었나 보다. 국이 맛있는 이유는 냉면국물 같아서이다. 내가 제일 좋아하는 게 냉면이다. 그 다음으로는 '징검다리를 건너며'를 하였는데 그것도 해보니 힘들기도 하고 재밌기도 하였다. 내가 아빠를 안내하였는데 아빠를 물에 빠트려서 안 한다고 하셨다. 내가 안내하면 중상을 입을지도 모른다고 하셔서… 흑흑. 다음에 또 이곳에 왔음 좋겠고 또 올 것이다. 어차피 다음에는 할아버지 할머니도 같이 오시니까 … 108번 절을 하는 것은 힘들었다. 그리고 내가 귀중하다는 것을 알았다.

— 5학년 현시

아내의 추천을 받고 추상적이기만 하던 불가의 생활을 경험해 보고 싶었다. 또한 부모님과 뜻깊은 시간을 보내기 위해 템플스테이를 신청하게 되었는데 금방 1박2일의 코스가 끝나버렸다.

비록 이틀간의 과정이었지만, 부쩍 커버린 어리게만 보았던 아이들이 옆에 사랑스럽게 자리잡고 있어 그 동안 내가 너무 같이 하지 못했구나 생각이 들며 후회가 들었다. 같이 10여 년을 살아온 아내의 귀중함과 순간순간 한 찰나 한 찰나 행복했어야 하는 순간들이 마음을 잘 다스리지 못해 불행으로 포장되어 버렸음을 안타깝게 생각하게 된다. 이제부터라도 소중한 자신을 깨우쳐서 더불어 하루하루 행복하게 살아갈 수 있도록 해야겠다.

-철이

예전부터 템플 스테이를 체험하고 싶었는데 마침 어머니께서 추천해 주셔서 오게 되었습니다. … 눈을 가리고 징검다리 건너면서 남편에 대한 믿음과 신뢰를 변함없이 지키도록 다짐했던 좋은 시간이었습니다. 마가 스님과 함께한 발 씻겨주기 체험에서는 사랑하는 사람의 냄새와 더러운 발까지도 어루만지면서 다시 한번 감사하고 변함없는 사랑을 약속할 수 있었던 뜻깊은 시간이었습니다. 다음날 새벽 예불 참여를 하고 산길을 걸으며 보기 힘든 새벽별과 달을 볼 수 있어 좋았답니다.

다도 시간을 통해 녹차의 향과 맛을 명상과 함께 하여 심리적으로 많은 안정을 찾는 데 도움이 되었고 그런 시간을 자주 갖도록 해야겠습니다. 화 다스리는 명상을 통해 내 자신 가족 이웃 모든 사람의 소중함을 다시 한번 확인하고 마음 깊이 새기며 하루하루 뜻깊게 진실되게 살도록 다시 한번 다짐해 봅니다. 저에

겐 지금까지의 어떤 체험보다도 사랑하는 사람과 함께 할 수 있었고 많은 것을 배울 수 있었던 뜻깊은 시간이었습니다.

— 춘향

오십 인생에서 잊지 못할 소중한 날이었습니다.

108배의 구절구절은 태어난 날부터 오늘까지의 저의 걸어온 인생을 그대로 더듬는 듯했습니다. 인생을 살면서 가장 명심해야 할 것들을 다시 한번 깨닫게 되었습니다. 제딴에는 옳고 바르게 산다고 하였지만은 108배의 구절구절을 들으면서 제가 앞으로 어떻게 살아야 할지를 다시금 가다듬게 되었습니다.

아버님의 고향 대한민국에 입국한 저는 이제야 비로소 인생의 기쁨을 그리고 희로애락을 맛보고 있습니다. 저의 할머님은 6·25 전쟁 때 전사자로 통지서를 받았지만(저의 아버님) 하루도 우리 아버님을 잊으신 적이 없으셨다고 합니다. 우리 아버님은 우리 할머님의 그 소중한 모성애와 사랑을 받으신 까닭에 74세를 일기로 북한의 산기슭에 묻히셨습니다.

할머님은 절에서 스님들이 시주받으러 집으로 오시면 우리 아들이 살아 있느냐고 물으시고 살아 있다고 하시면 아낌없이 시주를 주시었다고 합니다. 국군 포로였던 우리 아버님의 영혼을 고향에 모시게 되어 정말 고맙고 감사합니다.

—진달래

(9) 직장 속 나의 하루

　당신의 하루는 어떠십니까? 깨지 않는 잠을 억지로 깨워서 일어나 회사에 가서 사람들을 만나고 때론 밤늦게까지 일하다가 퇴근해서 집에 오고 등등. 일상에 깨어서 생활하기보다는 시간의 흐름에 따라 살아가는 것이 우리의 모습입니다.

　자신의 하루를 현재형으로 표현해 보시기 바랍니다. '아침에 눈을 뜬다. 일어나기 싫고 씻는 것도 귀찮다. 회사에서 누굴 만날 생각을 하니 차라리 아팠으면 좋겠다.' 이렇게 자신의 하루를 시간 순으로 써보시기 바랍니다. 사건이나 타인 중심보다는 자신의 느낌이나 감정과 생각을 중심으로 쓰십시오. 평소에 우리가 자신의 감정을 얼마나 돌보고 살았는지 알게 될 것입니다.

　다 쓰고 나서 이야기를 할 때에도 자신의 느낌으로 읽어가십시오. 당신의 하루를 탓하거나 책망하려고 하는 프로그램은 아닙니다. 우리가 무심히 지나치는 일상에 더 잘 깨어있기 위해서 하는 프로그램입니다. 상황에 따라가는 삶이 아니라 매순간 깨어 있는 삶으로 만들어 줄 것입니다.

(10) 마음 나누기

　자신의 감정을 솔직하게 드러내고 타인의 말을 있는 그대로 수용하고 받아주는 연습을 하는 시간입니다. 처음에는 이유와 느낌을 함께 말하는 것이 어색하고 인위적으로 느껴지지만 익숙해지면 참 좋은 대화법이라는 것을 알게 될 것입니다.

짝지어 연습을 할 때도 생각보다는 느낌에 치중해서 말해 보십시오. 우리는 늘상 생각과 업무를 이야기하는 것에 많은 시간을 보내다 보니 자신의 이야기나 느낌과 감정 표현이 서툽니다. 그래서 의도적인 연습이 필요한 겁니다.

짝을 지어서 말하거나 여러 명이 이야기할 때도 자꾸 도전하십시오. 어떻게 말해야 하지? 고민하고 정답을 찾는 사이에 당신의 감정은 호기심, 답답함, 즐거움, 어색함 등등의 변화를 겪으면서 끊임없이 일어났다가 사라집니다. 자신의 느낌에 깨어있고 표현하는 생활로 이끄십시오.

(11) 구름이 흩어지고 모이듯이 – 유서 쓰기 그리고 다음 생에는…

죽음은 그 자체로도 두렵지만, 일상의 모든 관계를 떠난다는 점에서 힘든 부분입니다. 또한 우리가 알게 모르게 가지고 있는 생에 대한 욕망도 죽음을 거부하게 하는 한 요인입니다. 그럼에도 불구하고, 죽음을 편안하게 받아들이는 사람을 보면 존경스러움이 생깁니다. 그러면서 '과연 나는 저렇게 갈 수 있을까?' 라는 말을 되뇌입니다.

인제 죽을지는 잘 모르지만 아직은 준비할 시간이 남아있습니다. 이전의 삶을 바꾸고 싶다면 지금부터 잘 살면 되고, 잘 살아왔으면 계속 유지하시면 됩니다. 그렇게 평생을 아름답게 살아왔는데 가야 할 시간이 얼마 남지 않았다고 합니다. 내게 주어진 시간은 유서를 쓸 수 있는 시간이라고 합니다. 가만히 생각해 보십시오. 누구에게 어떤 말을 남기고 싶으신지….

그리고 죽음을 맞이하고 다음 생에 태어납니다. 다음 생에 태어나시면 꼭 하고 싶은 것이 무엇입니까? 세 가지만 선택해 주십시오. 반드시 이루기를 바라는 것을 생각해서 찾아보시기 바랍니다.

유서는 나에게 보내는 희망 편지입니다.

사랑하는 나의 가족에게

오늘은 3월 4일입니다. 얼마의 시간이 남아 있는지 모르겠습니다. 두려움에 앞서 내가 사랑한 나의 아이들과 가족들께 너무나 감사함을 전합니다.

태규야, 가은아… 너희들을 낳고 기르게 된 것만으로도 엄만 너무나 감사했고 큰 축복이었다. 해줄 수 있는 것보다 부족함이 더욱 많았지만 나머지 부족함은 이곳이 아닌 곳에서나마 빌고 기원하마. 항상 너희 곁에 있음을 잊지 말기를 부탁한다.

태규 아빠! 당신을 사랑했었고 그 사랑에 고마웠던 적도 있었고 당신을 미워했던 적도 있었습니다. 좋은 기억만 담고 갑니다. 당신에게 부족했던 나… 용서해주길 바래요. 무슨 인연으로 당신과 만나 이만큼 많은 시간을 같이 할 수 있었는지는 알 수 없지만 고개 숙여 감사함을 표합니다. 당신이 이곳에 남아있어서 얼마나 다행인지 모릅니다. 내가 못 다한 인연의 끝을 당신께 부탁해요. 시간이 흐른 후 장성한 내 아이들. 비록 눈으로는 못 보지만 항상 지켜 드릴게요. 삼십 육년을 살다간 저… 비록 남긴 것 없이 가지만 가끔 좋은 일 있을 때 기억해 주길 바랍니다.

잠시 왔다간 사람이 있었다고….

— Y.H. 씀

생을 마감하며….

내 자신에게… 그 동안 길지도 짧지도 않은 생을 산 와인아. 돌이켜보니 네 생이 그리 슬프지도 억울하지도 않았다. 즐겁고 행복한 일 많았고 사랑하는 이도 만나 행복했지. 지금 떠나도 큰 미련은 없는 것 같아. 감사하며 살게 해주신 내 주변 모든 분들께 감사드리면서 다음 생에는 더 많이 사회에 봉사하는 삶을 살 수 있기를….

— 와인 씀

연우 엄마! 사랑했소.

지현씨! 이런 시간이 주어지니 얼마나 행복한지 모른다. 자기랑 연우에게 인사할 수 있는 시간이 있다는 게 정말 고맙기만 하네. 나를 원망할 수도 있겠지만, 나도 두 사람을 남기고 떠난다는 게 그저 미안하기만 해. 당신과 함께 했던 즐거웠고 고마웠던 시간들, 영원히 간직한 채로 멀리서나마 지켜줄게.

담양 부모님, 부천 어머니, 명규네, 단원이네, 처제, 처남, 그리고 날 기억해주는 친구들, 회사 동료들에게 자기가 나를 대신해 꼭 인사를 해줘. 그 동안 너무 고마웠다고… 주위의 좋은 분들 만나서 인생을 이만큼 즐길 수 있었다고.

연우에게 너무 미안하지만, 아빠 얘기 가끔씩 해줘. 당신과 만나 데이트했던 것들, 다시 당신에게 편지 쓸 시간 있을 거야.

행복하게 잘 살고 나중에, 아주 나중에 다시 만나자.

당신을 사랑하는 남편이.

— 마곡사에서

후회 없이 살았노라고는 말 못하겠습니다. 오히려 후회뿐이라고 해야 하는 게 맞을 것 같습니다.

기억 속에 스쳐가는 순간순간이 정말 너무나 소중하기만 하고 그 기억들 이제는 내려놓고 가야 할 것 같습니다. 어찌 생각하면 참 다행입니다. 사랑하는 애인이 없다는 게. 얼마나 슬퍼할 것인지 너무나 뻔한지라. 그래도 부모님에게는 죄송합니다. 키워주시느라 고생하신 거 꼭 다 갚아드리겠다고 그렇게 그렇게 다짐을 했었는데. 이렇게 아무것도 해드리지 못한 채 너무 허무하게 가야 한다니…

참 이 순간에도 하지 못한 일, 하지 못하는 말, 후회되는 일들만 떠오르는 건지… 이렇게 될 줄 알았다면 여기저기 여유를 가지고 그렇게 하고 싶었던 여행도 좀 다니고 그럴건데… 연애라도 정말 진하게 열정적으로 해보는 건데… 있는 돈 여기 저기 도움이 필요한 곳에 기부라도 할 걸….

마지막으로 제가 그 동안 마음 상하게 해서 상처받은 사람들이 있다면 이 기회를 빌어 용서를 구하고 싶고, 내가 사랑했던 사람들에게는 더 많은 사랑 주지 못하고 가는 게 너무나도 안타깝지만, 또 다른 인연으로 어디선가 만날 거라 믿으며 이제는 모든 걸 다 놓고 가렵니다.

참 많이 편안해지고, 그러면서도 두렵습니다. 부디 다들 행복하세요.

- 자유인 씀

사랑하는 여보, 내가 제일 행복했던 순간은 자기를 만나 결혼하고 세상에 하나뿐인 우리 아들 정헌이를 얻게 된 거야. 너무 보고 싶어. 3년을 살면서 자기 마음에 많은 상처를 주고 자기 눈에 눈물을 고이게 했던 순간들이 마음을 아프게 한다. 결혼 전 풍요롭지는 못하지만 마음은 풍요롭게 해주겠다고 약속했었는데 이 단순한 약속도 지키지 못했던 것 같아 마음이 아프다.

그러나 나는 한 순간도 자기와 정헌이를 사랑하지 않은 적이 없었어. 매일 일이다 술이다 늦기만 하고 집에서 가정에서 다정한 아빠, 남편 노릇도 못했어. 정헌이가 커가는 모습을 보면서 마음속에서는 즐거움과 행복이 밀려오면서도 우리 정헌이에게 좋은 아빠는 아니었던 것 같아. 우리 정헌이에게 많은 시간과 정을 주었어야 되는데… 시간이 얼마 남지 않은 지금 안타까움과 미안함만이 남는구려. 우리 아들과 많은 것을 같이하고 잘 자랄 수 있도록 도와주고 싶었는데 이제 시간이 없네.

자기야, 진심으로 사랑해. 당신과 정헌이가 나의 전부였었다고 말하고 싶어. 시간이 다 되어 가는 이 순간, 마지막으로 선옥 당신과 우리 아들 정헌이가 보고 싶구려. 사랑해.

아들아 잘 자라고 엄마 부탁한다. 아들아, 사랑한다.

여보, 사랑하오.

— 누리 씀

30분 후 죽음을 맞이하면서

남에게 피해 안 끼치며 나름대로 준수한 인생을 보낸 것 같다. 갖기 위해 안달이었던 세월이 이제 와서 무슨 소용이 있을까 싶다. 좀 더 베풀 걸 후회가 된다. 이제 이승에서는 아무 것도 갖고 갈 수가 없으니 내가 가진 사랑과 미움, 분노를 모두 버려야겠다. 장기기증을 하고 싶다. 그렇게 된다면 내가 사랑했던 사람들도 이승에서 나의 체취를 느낄 수 있겠지. 그리고 미움과 분노의 마음. 내가 저승까지도 갖고 간다면 한이 될 것 같다. 귀신이 되어서도 이승을 못 떠나겠지. 모든 걸 용서하고 사랑하는 마음으로 미련 없이 홀가분하게 갈 것이다.

나의 죽음에 슬퍼할 사람이 얼마나 있을까. 날 위해 눈물 흘려줄 사람들에게 모든 축복을 기도하며 가고 싶다. 그리고 죽음과 함께 한 그루의 나무를 심어주었으면 한다. 나무로 태어나 아낌없이 주고 싶다. 왜 그렇게 가지려고만 하고, 이기려고만 하고, 화내고 울부짖었는지 모르겠다.

　나의 마음속에 풍만한 자비와 사랑만 갖고 갈 것이다. 사랑하며 즐거워하며 행복하게만 살아도 모자라는 이 세상. 내가 죽어도 남아있을 나의 사람들에게 뜻을 전해주고 싶다. 짧은 이 세상, 항상 웃고 행복하게만 살라고….

- Y.R. 씀

　내가 죽은 후에는 봉분 없는 무덤에 누구나가 그곳을 지날 때, 한번 쯤 돌아볼 수 있는 자그마한 비석 하나를 세워 주거라.
　비석에서 '다음 생에 웃으리라고 세월을 보내버린 사람의 묘'라고 써주고, 생각날 때마다 이곳에 와서 너의 삶을 되돌아보고 가렴.
　아버지가 너에게 남기는 재산은 이것이다. 또 생명보험도 잘 찾아서 쓰고, 항상 위선은 곧 밝혀진다는 진리를 마음에 새겨 보거라. 아버지가 너를 통해 다시 살게 되는 것이니, 외롭더라도 눈물 흘리시 말고 웃거라. 너의 지금의 모습들 거짓 없이 보여주고, 그 모습을 사랑하고, 무엇보다 네 마음속에서 절대로 이것 하나만은 잊지 말아라. '따뜻한 온정'이다. 죽으면서도 또 잔소리를 했구나. 아버지 비석 하나 세울 돈은 너한테 주고 가니, 아버지가 믿어도 되겠지? 아버지가 고민하고, 치열하게 싸우며 얻은 모든 것을 너에게 유서로 남긴다.

그리고 마지막, 남들이 조기교육 시킨다고 너까지 불필요한 사교육에 일조하지 말거라. 그까짓 성적, 크면 소용없다는 걸 알고 뼈저리게 후회하는 날이 온단다. 아버지의 뜻이 너와 같지 않다면 네 뜻대로 하거라. 죽음이 끝이 아니라는 말을 새기며 아버지는 먼저 간다.

— 작자 미상

이렇게 좋은 장소에서 나를 생각하며 미래를 꿈꾸고 계획했는데, 내 인생이 한 시간밖에 남지 않았다는 것에 대해 받아 들여야 한다는 사실이 너무도 가슴이 아픕니다. 사랑하는 사람과 아직 할, 하고픈 일이 너무 많은데….

평상시 저는 죽음이 내게 온다면 미련없이 받아들이겠다고 호언장담했는데 이제 보니 삶에 집착이 강했나 봅니다. 자꾸만 자꾸만 눈물이 납니다. 그래도 이렇게 좋은 도량에서 내 마지막을 정리할 수 있고, 발원할 수 있다는 것도 저의 큰 행운이라 생각하며 위안을 삼겠습니다.

제가 없는 이 세상에서 슬퍼하실 사랑하는 우리 엄마! 엄마만 생각하면 너무 가슴이 아파요. 평생 홀로 고생하시며 자식 키우느라 지금은 온 몸이 아프신 우리 엄마. 많이 슬퍼하지 않고 남은 여생 건강하게 사실 수 있도록 부처님께서 지켜주세요.

짧은 인생이지만 정말 많은 일들을 겪으며 행했던 저의 죄를 참회합니다. 부처님 전에 절을 올리며 숨을 거둘 수 있도록 허락해 주십시오. 그리고 남아 있는 우리 가족과 나를 사랑하는 모든 이에게 부처님이 함께하여 평온한 삶을 누릴 수 있도록 이끌어 주세요.

- K.N. 씀

살아오면서 참 많은 죄를 지었다. 부모님을 속인 죄, 친구를 욕한 죄, 말로써 행동으로써 나 아닌 타인들에게 많은 상처를 입힌 죄, 나 자신이 게으르고 의지가 약한 죄, 내 생각만 하는 이기적인 죄. 이 많은 죄들을 씻을 기회도 갖지 못하고 이대로 떠나야만 하나?

이제 겨우 Temple stay를 통하여 세상을 밝고 긍정적으로 살아가는 방법을 배운 것 같은데… 그런 배움을 실천해 보기엔 한 시간은 너무 너무 짧다.

엄마, 아빠. 미안해요. 여지껏 곱게 잘 키워 주셨는데…. 엄마, 아빠를 만난 것만큼 제 인생의 큰 복은 없어요. 정말 크신 사랑 고마웠어요.

-작자 미상

푸르미에게

너무 세상을 일찍 떠나게 되어 많이 슬프겠구나. 하지만 이것이 절대 피할 수 없는 운명이라면 받아들일 수밖에…. 그 동안 참 열심히 살았어. 수고했어. 실패도, 시련도, 슬픔도 많았지만 그래도 그 때마다 쓰러지지 않고 잘 버텨주어 고맙다.

어떤 것이든 지금 생각해보면 너에게 모두 도움되는 추억들 아니었니? 주위의 좋은 사람들로 많이 행복했고 많이 웃을 수 있었잖아. 그것만으로도 넌 행복한 아이야.

조금 아쉬운 게 있다면 사랑하는 사람을 못 만난 것이지. 이번 생엔 그 인연의 끈이 이어지지 않았나봐. 아쉽지만 다음번엔 꼭 만날 수 있겠지. 희망이 있다는 건 좋은 거잖아. 우리 희망 때문에 어쩌면 이 힘든 세상을 살아갈 수도 있는지도 모르고.

23년을 살면서 아주 나쁜 짓, 남이 눈물 흘릴 일 안 하고 살았던 니가 대견하구나. 이만하면 멋진 인생이었어. 지금도, 떠날 때도, 떠난 후 아주 다음까지도 행복하길 바래. 안녕.

혹 나 때문에 나도 모르게 눈물 흘리거나 상처 받았던 이들… 모두 너무 미안해요. 진심이 아니었을 거예요. 혹 진심이었다 하더라도 절 용서해주세요. 사랑해요. 이 말 직접 하지 못하는 절 용서해주세요. 이런 제 맘이 당신께 느껴지나요….

– 푸르미 씀

3) 명상 프로그램

침묵으로 혼자 하는 자비명상을 온전히 하기 위해 하는 사전 프로그램입니다. 자비명상이 자신 – 존경하는 사람 – 가족 –

타인으로 옮겨가는 순서에 맞게 자기를 시작으로 가족, 타인으로 옮겨갑니다. 자비 명상 프로그램을 하는 그 순간만이라도 자신을 아주 고귀한 존재라고 느끼시기 바랍니다. 그 사실을 받아들이지 않으려는 열등감이나 자기 비난이 올라와도 무시하고 존재 자체를 인정하시기 바랍니다.

(1) 쌀 감사 명상 – 쌀이 우리에게 오기까지

쌀이 지금 현재 내 손에 오기까지 영향을 미친 사람, 자연, 기구 등 모든 것들을 생각하며 적습니다. 참가한 사람들과 함께 과정에 영향을 끼친 것을 모두 적습니다. 그렇게 작은 한 톨의 쌀에도 엄청난 사람들의 수고와 기구, 자연의 도움이 필요한데 우리 자신은 어떻겠습니까?

– 햇살, 바람, 공기, 허수아비, 농부, 농약, 제초제, 모내는 사람, 막걸리, 막걸리 만드는 공장, 노동자, 씨앗, 옷, 실, 옷 만드는 노동자 등등

- 어찌 보면 한낱 벼에 불과하지만 수많은 과정을 거치는 것이 대단하다. 하물며 인간인 나에게는? 나에게 도움주신 모든 분께 고맙다. 난 소중한 존재다.
- 부모님에 대한 고마움이 제일 먼저 생각났다. 항상 고마운 건 알지만 달리 표현을 못했던. 그리고 존경하는 농부셨던 할아버지가 생각났다.

- 쌀이 탄생하는 과정이 그러하듯 나 역시도 많은 사람의 정성으로 성장했다. 쌀이 하는 만큼 세상에 도움이 되고 싶다.
- 쌀 감사명상을 하면서 내 인생과 연관시켜 보았다. 나 자신을 쌀에 비유하면 이제 농부가 탈곡을 하고 누구에게 보내진 준비단계라 느껴진다. 지금까지 나 자신이 어떻게 걸어왔는지! 이제 누구에게 양식이 되어줄 준비는 되었는지, 한번이라도 양식이 되어준 적이 있는지 고민할 수 있는 기회였다.

(2) 나 긍정명상

나를 긍정하는 시간입니다. 자신을 평소에 얼마만큼 위로하고 지지해 주는지 살펴보시기 바랍니다. 많은 사람들은 자신에게 화를 내거나 자책하거나 속상해 합니다. 그러면서 열등감과 무가치함을 느낍니다. 이것이 습관으로 굳어지면 점점 더 자신은 볼품없고 형편없는 사람으로 되어 갑니다. 반대로 자신의 단점도 수용하고, 마음에 들지 않는 행동이나 말을 할 때도 위로를 해 주면 점점 더 괜찮은 사람이 됩니다.

당신이 가진 장점을 찾아보십시오. 처음에는 어렵지만 마음 깊은 곳에서 인정받고 싶어하는 목소리가 들릴 겁니다. 당신 스스로를 자비로 감싸 안으시기를….

- 나는 밥을 잘 먹는다. 변비에 걸리지 않았다. 글을 쓰고 말할 수 있다. 컴퓨터를 할 줄 안다. 가족이 있다. 나를 좋아하고 내가 좋아하는 친구가 있다. 죽지 않고 살아있다. 자비명상을 한다. 노력한다. 눈이 예쁘다. 코가 잘 생겼다. 튼튼한 몸이 있다.

- 나 자신을 칭찬하기에 어색하다는 것을 느끼게 해주었고, 칭찬 한 마디가 나 자신을 소중하게 느껴질 수 있도록 해준다는 것을 알았다.
- 장점 찾기를 하면서 내가 '지금까지 살아오면서 좋았던 기억이 많았구나' 하는 생각이 들었다.
- 장점 말하기에서 '눈이 이쁘다, 입술이 이쁘다'는 말에 새삼 나의 장점을 발견할 수 있었다. 남을 포근히 감싸주는 마음이 용솟음치며 나도 남에게 칭찬을 많이 해줘야겠다.
- 내가 그래도 괜찮은 사람이라는 느낌과 함께 타인도 나처럼 존귀한 사람이라는 생각이 들었고, 불성의 씨앗을 가진 사람으로 예경해야겠다고 생각했다.
- 평소에 남에게 대놓고 칭찬하기를 닭살이라 생각해오던 터라 쑥스럽고 말이 잘 안 나왔다.

(3) 배우자 긍정명상

배우자를 바라보는 시각을 긍정적으로 바꾸어 보는 장입니다. 생활하면서 칭찬하기보다는 함부로 말하거나 비난의 말을 많이 써 왔을 수도 있습니다. 배우자의 장점을 잘 생각해 보십시오. 그리고 나서 배우자의 장점을 표현할 때는 쑥스러움은 접어두고, 구체적인 예를 들어서 적극적으로 표현하십시오. 자신의 장점을 배우자가 말할 때에는 가만히 듣고 계십시오. 거부하거나 부정하지 마십시오.

– 남편은 눈이 크고 코가 오뚝하여 잘 생겼다. 타인을 배려하는 마음이 있다. 인내심이 강하다. 반짝이는 아이디어가 많다. 추진력이 강하다. 밖은 부드럽지만 속은 강하다(외유내강이다). 자신의 감정에 솔직하다. 사람들을 잘 설득시킨다. 관심영역이 넓다. 사람에 대한 믿음이 강하다. 바느질을 잘한다. 직관과 통찰이 뛰어나다.

- 아내의 장점을 쓰려니 잘 기억이 나지 않았다. 평소에 좋은 점을 잘 보지 않았고 칭찬에도 인색했나 보다.
- 계속 쓰다 보니 남편은 장점이 참 많은 사람이다. 장점을 칭찬하기보다는 요구만 계속 한 것 같아서 미안했다.
- 남편이 내 장점을 말해주니 쑥스럽기도 했지만 기분이 좋았다. 행복했다.

(4) 가족 긍정명상

가족들한테 받은 상처 못지않게 우리는 많은 베풂과 보살핌을 받고 살아갑니다. 그러나 고마운 마음을 표현할 기회는 거의 없고, 익숙하지 않아서 쑥스럽기도 합니다. 가족 모두의 긍정적인 특성을 찾아보십시오. 좋은 점과 잘하는 것, 가족들을 위해 하시는 일 등에 대해서 생각해 보면 아주 많은 장점이 떠오를 겁니다.

- 아버지에게서는 카리스마가 느껴집니다. 아버지의 감각은 예술가처럼 살아있습니다. 아버지의 정직한 자세는 옛 선배들의 청렴함과 같아 배우고 싶습니다. 아버지는 섬세하고 예민한 감수성을 가지셨습니다.

- 아기 같기만 하던 막내딸이 어느덧 커서 아버지를 이해하고 아버지의 모든 내용을 적어 보낸 것을 보니 이제 다 커가고 있구나 하는 생각이 든다. 말하지 않아도 안다는 것은 사랑하는 사람들만이 가진 따스한 가슴으로 전달되는 것이 아닐까. 딸이 만든 서른 개의 문장을 보면서 가슴 한복판이 따스해지는 것을 느낄 수가 있었다. 나 역시 딸에게 그동안 보아왔던 세세한 부분을 이야기해야겠다.

- 너는 어려서부터 대견하게도 모든 일을 혼자 잘 처리하였단다. 그리고 언제나 해맑고 밝은 너의 웃음 덕분에 우리 가족은 즐거웠단다. 넉넉하게 용돈 한 번 제대로 주지 못해 항상 마음이 무겁단다. 하지만 과외 등을 통해 교통비라도 준비할 줄 아는 너, 미래에 대한 꿈을 가지고 있어 고맙다.

- 엄마는 요리를 잘하신다. 등산과 운동을 좋아하신다. 피부가 좋아서 동안(童顔)이다. 엄마는 우리 가족을 위해 헌신하신다. 나와 동생 뒷바라지를 열심히 하신다. 십자수로 소품을 만들어 주신다. 집안 청소를 깨끗하게 잘 하신다. 아버지 편을 드신다. 아버지와 연애할 때의 감수성을 가지고 있다. 고 3때 나를 위해 백일기도를 하셨다. 엄마는 알뜰하시어 집 장만을 하셨다. 나는 엄마를 사랑한다. 엄마! 고맙습니다.

- 사랑하는 우리 아들이 보낸 긍정명상을 읽고 조금은 부끄럽구나. 과연 우리 아들이 본 그대로 살아 왔나 새삼 옛날 생각이 많이 나는구나. 아들이 이 엄마를 잘 평가해 주어 고맙다. 너도 이제는 곧 결혼하여 훌륭한 아빠가 되어야지. 우리 아들 잘 해 주리라 믿는다. 글 솜씨가 없어 마음속에 있는 글을 제대로 못 썼다. "우리 아들 사랑한다."

- 우리 아들은 몸도 마음도 건강하다. 최신곡뿐만 아니라 엄마 아빠가 좋아하는 트로트도 잘 부른다. 리더십이 있고 언변 또한 훌륭하다. 교우관계에 충실하다. 예의바르고 어른들을 존경할 줄 안다. 글씨도 또박또박 쓰며 글 또한 잘 쓴다. 여행을 좋아하며 자신의 삶을 즐길 줄 안다. 헌혈을 비롯해서 봉사활동에 적극적이다. 자신의 방을 정리정돈 잘 하며 항상 청결하다. 팀웍을 필요로 하는 운동을 좋아한다.

(5) 동료 · 상사 긍정명상

동료와 상사의 좋은 점이 보이지 않는다구요? 그러면 조용히 눈을 감고 자신이 아닌 그 사람들과 가까운 사람들의 입장에서 찾아보시기 바랍니다. 떠오르지 않습니까? 당신에게는 나쁜 감정까지 일으키게 하는 사람이지만 그 사람 역시 누군가에게는 사랑을 받고 있습니다.

- 부장님은 꼼꼼하게 일을 가르쳐주시고 정리해주신다. 아랫사람을 잘 챙겨주신다. 솔직하게 잘못한 것을 꾸짖는다. 순진하고 순수한 면을 가지고 있다. 불평불만을 이야기한다. 우리가 챙겨드리는 것을 좋아하신다. 옷을 멋지게 입으신다. 가족들과 화목하게 잘 지내신다.

- 희진 씨는 밝게 웃고 활발하여 사무실을 즐겁게 만든다. 우리가 잘못하였을 때는 애교있게 꼬집는다. 패션 감각이 뛰어나 옷을 잘 입는다. 순발력이 뛰어나서 위기상황 대처를 잘 한다. 다른 사람의 기분을 풀어주는 능력이 있다. 솔직하게 감정을 표현한다. 자신의 잘못에 대해 건강하게 받아들이고 고치려고 노력한다.

(6) 마무리하는 명상

수련회가 끝나면 집으로, 직장으로, 세상으로 나가게 됩니다. 그 곳은 사찰과는 또 다른 환경과 사람들이 기다리고 있습니다. 사찰에서처럼 편안하고 익숙하게 살아가면 별 어려움은 없겠지만 아직은 환경에 흔들리는 것이 사실입니다.

마무리를 할 때는 자신이 가진 깊은 자비를 타인에게 보내고, 다른 사람들이 내게 보내는 사랑의 마음을 온전히 받아들이는 명상을 합니다. 마음을 주거나 받는 것이 낯설더라도 그것을 알아차리시고 마음을 그대로 주고 받아 보십시오. 마음에서 어떤 느낌이 일어나는지 놓치지 마시기 바랍니다.

하나 : 타인을 존중하는 절 명상(천상천하 유아독존)
함께 한 사람들에게 3배를 올리는 시간입니다. 자신의 마음에 자비와 사랑을 가득 채워서 절을 받는 사람이 진정으로 행복하고 편안하기를 바라는 마음으로 절을 해 보시기 바랍니다. 당신의 정성을 상대방이 받아서 넉넉하고 자비로운 사람이 될 것입니다.

- 나가서 앉으니 방석이 부드러워 기분이 좋았고, 절을 받을 땐 조금 민망하기도 했지만 이내 내가 존귀한 존재로 대접받는 것 같아 기분이 좋았다. 나뿐만 아니라 다른 사람들도 존중받으며 행복한 삶을 살아가면 좋겠다고 생각했다.
- 내 자신을 더욱 아끼고, 살아가고, 이 순간 'pause' 버튼을 누르고 싶다.
- 나라는 존재, 참으로 가치있는 사람이라는 느낌이 절을 받으며 생겨났다. 앞으로 사람들을 좀더 열린 마음으로 받아들일 수 있었으면 좋겠다. 그럴 것이다.
- 평생 잊지 못할 추억이 하나 생겼다. 감사합니다. 스님!
- 내가 소중한 사람이 되었다는 생각에 무척이나 떨리고 기분이 좋았다.
- 나를 정말로 귀한 존재로 해주신 '천상천하 유아독존' 프로그램은 무어라 표현할 수 없는 감동이었습니다.

둘 : 배우자를 존중하는 절 명상

우리는 많은 경우 주위에 가장 가까운 사람에게는 더 모질게 말하고, 상처를 많이 주면서 존중하는 마음이 부족해지기 쉽습니다. 부부 사이도 예외는 아닐 것입니다. 그래서 온 마음과 정성으로 행복하기를 바라는 마음으로 자신의 배우자에게 108배를 하는 시간을 가지려고 합니다.

평소에 여러분은 얼마만큼 부인을 또는 남편을 존중하고 인정하면서 살았나요? 잘못을 사과하고 참회하는 마음과 진정으로 행복하기를 바라는 마음으로 절을 하시기 바랍니다.

절을 할 때의 그 마음으로 세상을 살아간다면 어려움이 생기거나 갈등이 있을 때에도 함께 잘 살아갈 것입니다. 서로를 존중하고 이해하는 그 마음을 간직하시기 바랍니다.

- 남편이 제게 절을 합니다. 살면서 미워서 화풀이를 하기도 하고, 짜증도 냈습니다. 때로는 누구누구와 비교하면서 자존심을 상하게도 했습니다. 내게 구박을 받으면서도 언제나 내 곁에 있던 남편이 내게 절을 하다니 쑥스럽기도 하고 부끄럽고 미안한 마음이 듭니다. 참 고맙습니다. 힘들게 직장 다니면서 스트레스도 많이 받았을 텐데 제가 지지해주지 못했습니다. 그러지 말아야겠습니다. 참 고맙고 소중한 사람입니다. 절이 끝나고 나면 흐르는 땀을 닦아주고 꼭 안아주어야겠습니다.
- 아내에게 감사할 일이 많습니다. 아이들을 잘 키워주었고 제

> 뒷바라지도 잘 해주었으며, 살림도 알뜰하게 잘 살았습니다. 나보다 더 칭찬받을 일이 많은 아내가 제게 절을 합니다. 정성껏 하는 절을 받으니 가슴이 뭉클하고 짠합니다. 가끔은 무시하기도 하였습니다. 세상물정을 모른다고 함부로 말을 하여 상처를 준 적도 있습니다. 그래도 묵묵히 나와 함께 해 주었습니다. 사랑스럽고 고마운 사람입니다.

셋: 동료를 존중하는 절 명상

함께하는 동료를 존중하는 마음을 가져본 적이 있습니까? 아픔을 함께하고 기쁨을 축하해 주면서 자비와 사랑이 가득한 생활이기를 마음으로 기원해 본 적이 있으십니까? 이때까지는 그렇게 해보지 못하셨다면 그럴 시간을 드리겠습니다. 나와 함께 한 사람들, 직장에서 만났다면 우리의 동료였을 사람들이 진정으로 행복하고 편안하기를 바라는 마음으로 절을 하시기 바랍니다.

절을 할 때의 그 마음으로 직장에 돌아가 동료들을 대한다면 이해심이 커지고 웃을 일도 많아질 것입니다. 그리고 마음으로 존중하고 행복을 기원하는 동료의 절을 편안하고 고마운 마음으로 받으십시오.

- 많은 선후배님들에게 절을 받으니 놀라는 두근거림, 화나는 두근거림이 아닌 뭔가 다른 두근거림의 새로운 느낌을 받았다.
- 동료들에게 삼배를 받아본 경험은 처음이었고 절을 받으면서

> 감사함을 느꼈다.
> - 나에 대한 아주 소중함을 많이 느꼈다.
> - 함께한 선생님들께 부처님처럼 삼배를 받았다. 너무나 충격적이고 '이렇게 받아도 될까?' 가슴이 뭉클했다. 부처님 가까이 가도록 노력해야겠다.
> - 부처님이 앉으시는 자리에 앉아서 부처가 되었다. 동료들과 스님께 삼배를 받으니 새로 태어난 기분이 들었고 나를 아끼고 사랑해야겠다고 다짐한다.

넷: 화 다스림 명상 → 오해 − 3 = 이해

일상생활에서 화가 나는 경우는 많습니다. 그것을 풀지 못해 스트레스가 되기도 하고 불편한 마음을 불쑥 표출하여 관계가 악화된 경우도 있습니다. 하루아침에 화를 다스리기는 어렵겠지만 꾸준히 연습하면 나아질 수 있습니다.

화가 났을 때는 주로 우리의 감정을 건드리거나 타인을 오해해서 생기는 경우가 많습니다. 따라서 오해를 풀 수 있다면 화는 줄어들 것입니다. 오해는 세 번만 생각하면 이해가 됩니다. 여기서 세 번 생각하는 과정이 '구나, 겠지, 감사'[3]입니다.

---

[3] 구나, 겠지, 감사 명상은 용타 스님이 진행하시는 동사섭에서 진행되는 한 프로그램입니다. 용타 스님의 허락을 얻어 자비명상의 일부 프로그램으로 사용하였습니다.

🌱 **구나** : 화나거나 짜증나게 했던 상황을 있는 그대로 기술한다.
- 소리를 지르면서 감정을 폭발하는 구나.
- 아이가 50점을 받아왔구나.

🌱 **겠지** : 화 나게 했던 그 사람의 입장이 되어서 이유를 찾는다.
- 쌓인 게 많겠지. 이해받고 싶겠지. 관심받고 싶겠지. 아침에 화나는 일이 있었겠지.
- 문제가 어려웠겠지. 배우지 않은 곳에서 나왔겠지. 그날 컨디션이 안 좋았겠지.

🌱 **감사** : 더 큰 일을 저지르지 않아서 그나마 다행인 상황을 적는다.
- 폭력을 휘두르지 않아서 다행이다. 자살하지 않아서 다행이다.
- 빵점을 받지 않아 다행이다. 그래도 기죽지 않아서 다행이다. 공부만 못해서 다행이다.

> - 얽혀 있던 화의 근원이 다른 이에 대한 이해를 통해 정화되는 기분을 느낄 수 있었다.
> - 내 입장에서만 생각하던 부분들을 객관화시키자 그리 화날 만한 상황이 아니었던 것 같기도 하고, 오히려 내 잘못은 없었는지 반성하게 되었다. 감사하는 시간을 통해 화났던 일들이 모두 부질없는 것임을 깨달았다.
> - 먼저 사소한 상황에서도 내가 얼마나 짜증내고 화내며 사는지 알 수 있었으며, 명상을 통해 상황을 객관화하고 이해, 감사하

는 법을 배워 마음이 편안해졌습니다. 화를 낸다는 것은 나 자신에게도 해가 되니 이왕이면 이해하고 웃으며 살아야겠다고 생각했습니다.

- 별거 아니라고 생각했었는데 그 단순한 과정이 생각보다 화를 다스리는 데 도움이 되었고 마음이 차분해지는 것을 느낄 수 있었다.
- 화났던 상황을 떠올리려 하니 막상 떠오르는 게 없어 답답했는데, 좀더 생각해보니 점점 많이 생각났다. 하지만 그것들을 글로 적는 것이 스님이 말씀하신 거와 달라 조금 당황스러웠다.
- 제일 못하는 부분이다. 누군가를 이해한다는 것은 어렵다.
- 내 마음에 화가 일어날 때 무슨 일이 있었는지 돌아보고 왜 그런 일이 생기게 된 것인지 생각해서 해결할 수 있는 부분은 해결해 보겠다.
- 화의 근원을 찾아내고 없앨 수 있다는 자신감을 얻은 것이 큰 의미가 있었다.

다섯: 함께하는 자비명상

함께한 사람에게 마음을 모아서 자비의 문구를 암송하고, 마음을 보내는 시간입니다. 눈을 감고 손을 잡았을 때 전해지는 따뜻한 흐름을 느끼시고, 한 분 한 분에게 마음을 다해 평화와 행복을 기원하는 자비의 마음을 보내십시오.

- 진행자가 내 이름을 부를 때 마음이 떨렸고, 다른 사람을 부를 때는 그 사람이 진정으로 행복해지기를 바라는 마음으로 자비명상을 했다.
- 자비명상을 문구로 마음을 보낼 때 옆 사람 손에서 내게 전기 같은 전율이 전해져서 가슴이 터질 것 같았다.

여섯 : 칭찬으로 하는 자비명상

함께 했던 사람의 모습을 생각하면서 장점을 칭찬하는 말을 해 주시기 바랍니다. 자신과 비교하거나 상대적으로 잘하고 낫다는 표현보다는 그 사람의 특징을 찾아서 표현해 주십시오. 길게 설명하기보다는 간단하게 칭찬하는 것이 더 효과적입니다.

칭찬을 받을 때는 어색함과 부끄러움을 그대로 느끼시되 자신의 생각과는 다른 내용이라고 거부하거나 뿌리치지 마십시오. 그것은 그 사람이 당신의 좋은 점이라고 느낀 겁니다. 그리고 나서 내가 왜 그것을 거부하는지 내면을 살펴보시기 바랍니다. 자신을 부정하는 마음이 남아있다면 당신에게 자비를 보냅니다.

- 다른 사람들이 내 장점을 이야기해 주니 기분이 좋았다.
- 처음 시작할 때는 사람들이 '내 장점을 찾을 수 있을까?' 하는 걱정이 되었는데 계속 말해주니 안심이 되었다.
- 칭찬을 들으니 내가 더 그렇게 되어야겠다는 다짐을 하게 되었다. 칭찬해 주는 사람들이 고마웠다.

(7) 자비명상 프로그램에서 개인의 알아차림을 높이려면…

자연스럽게 현재의 느낌, 마음, 생각이 알아차려지지 않으면, 내 느낌이 어떤 건지? 지금 무슨 생각을 하고 있는지? 하고 싶은 것은 무엇인지… 스스로 물어보십시오. 그리고 말을 할 때는 우리, 그것이라는 표현보다는 '내가', '나는'이라고 주어를 분명히 하시는 습관을 들이시기 바랍니다. 아울러 마음뿐만 아니라 몸이 어떤 행동을 하고 움직임을 하는지 관심을 가지시는 것이 좋습니다.

5 돌아가서

　　현실 생활에서 더 잘 살기 위해서 자비명상에 참가하신 분이 많으실 겁니다. 2박 3일간의 경험으로 내가 완전히 바뀌어서 즐겁고 편안한 마음으로 항상 생활할 수 있다면 바랄 게 없겠지만, 사는 게 그렇게 만만했다면 수행과 깨달음을 위해 출가를 하지는 않겠지요.

　　우선 자비명상에서 경험했던 고요함이 유지될 수 있도록 자신에게서 일어나는 변화들을 알아차리시도록 해 보십시오. 이전보다는 조금은 나아진 모습일 것입니다. 그리고 자신을 긍정하고 칭찬한 그 힘을 계속 이어가시길 바랍니다. 나에게 어떤 일이 일어나고, 내가 타인이 이해할 수 없는 옹졸한 짓을 하더라도 본인만은 위로하고 이해해 주시기 바랍니다. 자신에 대한 사랑과 이해, 자비는 삶에서 가장 든든한 버팀목이 되어야 합니다.

그리고 타인을 존중하면서 절을 하던 그 마음으로 다른 사람을 만나시기 바랍니다. 이해할 수 없고, 도저히 받아들이기 힘든 말을 할지라도 저 사람이 저렇게 하는 데는 분명 어떤 이유나 아픔이 있겠지! 그래도 저만해서 다행이다라는 마음을 내어 보시기 바랍니다.

그렇지만 그것이 많이 힘든 일임을 저 역시 너무 잘 알고 있습니다. 그래서 자주 마음을 가라앉히려는 노력을 하고, 상담을 받고 명상 수행을 합니다. 자비의 마음은 쉽게 만들어지다가도 한 순간 마음의 변덕이 일어납니다. 꾸준히 자신에게, 타인에게 자비가 생기도록 수행하는 길이 최선이라는 생각이 듭니다.

자비 명상으로 편안하고 행복하시기를….

상담과 명상을 통해 얻은 편안함으로

지금은 나 자신에게 일어나는 많은 현상들을 바라본다.

그리고 다른 사람들과 활발하고 건강한 관계를 맺고,

그 속에서 내가 가진 여러 모습들을 드러내고 있다.

또 내가 해오지 않던 스타일을 시도하면서

어색함과 즐거움을 함께 느끼고 있다.

무엇보다 기쁜 것은 상담 과정뿐만 아니라

일상생활에서도 스스로의 힘으로 내면이 치유되는

경험을 한다는 것이다.

자비명상
프로그램의 토대

1 자비명상

1) 자비명상

자비로운 마음은 적대적이던 사람들마저 친구로 돌아서게 하며 나와 남이 함께 기쁨과 행복으로 가득 찰 수 있습니다. 또한 사람들에게서 좋은 면을 보게 되고 상처를 주지 않으며 남의 행복을 기뻐하게 됩니다.

이러한 자비의 마음을 기르는 자비명상은 평화로움 속에 긍정적 감정을 일으켜 남을 받아들이고 사랑하는 마음으로 다가가기 때문에 부정적 성품들로부터 벗어나게 합니다. 공격성, 파괴성, 화에서 벗어나기 위해 그와 반대되는 공격적이지 않고 파괴적이지 않은 마음을 길러 자신뿐만 아니라 타인의 마음도 정화시킵니다. 이렇게 긍정적인 효과가 있는 자비명상 수행은 복잡하지 않고, 안전하게 할 수 있습니다. 먼저 앉아서 눈을 감고 '자비, 자비, 자비' 되뇌이면서 마음에 자비를 가득 채웁니다.

그런 다음 행복감으로 가득 찬 자기 자신의 환한 얼굴을 눈앞에 그립니다. 그리고 환하게 웃고 있는 자신에게 아래 문구를 마음으로 암송하면서 투사해 보냅니다. 처음부터 너무 많은 조항을 하지 말고 4개 정도로 시작하는 게 좋습니다.

"내가 욕심에서 벗어나기를⋯."
"내가 화냄에서 벗어나기를⋯."
"내가 어리석음에서 벗어나기를⋯."
"내가 편안하고 행복하기를⋯."

모든 사랑 중에서 자신에 대한 사랑이 밑바탕이 되어야 합니다. 자신을 사랑하지 않는 사람은 그 어떠한 것도 할 수 없습니다. 마음에 다른 사람(존재)에 대한 강한 자비를 가지기 위해서는 먼저 우리 자신이 그것을 확고하게 구축해야 합니다. 자신에 대한 미움이 강하면 강할수록 다른 이들을 사랑할 수 없고, 다른 사람들의 행동과 말도 자신의 잣대로 흐리게 보입니다. 다른 사람들의 행동을 있는 그대로 비추는 거울이 되려면 먼저 자신의 마음을 맑게 할 필요가 있습니다. 긍정적인 사랑의 불빛이 가득 채워지면 그 빛은 다른 이를 밝게 해 줍니다.

다음에는 명상을 지도해 주는 스승의 모습을 눈앞에 떠올립니다. 살아계실 경우입니다. 행복한 기분의 스승을 그려보며 위에서와 똑같은 마음을 투사합니다.

"스승이 욕심에서 벗어나기를…."
"스승이 화냄에서 벗어나기를…."
"스승이 어리석음에서 벗어나기를…."
"스승이 편안하고 행복하기를…."

이 때 눈앞에 떠올린 모습은 선명해야 하지만 처음에는 잘 되지 않는 경우가 많습니다. 계속 수행하다 보면 선명하게 대상이 떠오릅니다.

그 다음은 자신의 가족과 같은 가까운 사람부터 시작하여 한 사람씩 눈앞에 그려나가면서 자비의 빛을 그들에게 보냅니다. 가족에게 자비를 펼칠 때는 배우자처럼 너무 정이 깊은 사람은 제일 뒤로 돌리는 게 좋습니다. 부부간의 친밀함에는 자비를 흐리게 하는 속된 애정이란 요소가 개입될 여지가 있습니다. 참된 정신적 사랑은 누구에 대해서나 평등해야 합니다. 평등한 사랑을 기르는 것이 자비명상을 하는 목적 중의 하나이기 때문입니다.

다음은 특별히 좋아하지도 싫어하지도 아니하는 감정의 사람들 차례인데 이웃들, 동료들 등등입니다.

그런 사람들에게 가능한 한 일일이 사랑의 마음을 방사한 후에 싫은 사람들에게 마음을 보냅니다. 악의가 있는 사람에게 자비를 보내는 것은 그가 더 이상 다른 사람에게는 그런 짓을 하지 말라는 것입니다.

이게 안 되면 자신이나 사랑스러운 사람에게 돌아가서 자비의 마음을 키운 뒤 다시 하는 게 좋습니다. 이 때 자신을 탓하지 말고 그 순간 마음을 받아 들이십시오. 자비명상을 하다보면 생각했던 것보다 상대방에 대한 미움이 작다는 것을 발견하게 됩니다. 물론 반대 경우도 있습니다. 언제나 기억해야 할 것은 자비명상을 하는 가장 중요한 이유는 내가 행복해지기 위해서입니다. 미움은 나를 불편하게 합니다.

'나는 그에게 아무런 적의가 없다.
그도 나에게 적대감이 없기를…
그가 행복해지기를…'
하고 마음속으로 반복합니다.

여러 내상들을 눈앞에 떠올려 가는 동안 좋고 싫고 애착하고 증오하는 감정 등이 사라집니다. 사람들이 적의와 고통 그리고 번민에서 벗어나 행복하게 살기를 기원할 때 실제로 마음의 진동이 전해져서 그들도 행복해집니다.

2) 자비명상의 이익

청정도론에서는 자비명상을 할 경우 다음의 이익이 있다고 합니다.

"나쁜 꿈을 꾸지 않아서 편안하고 행복하게 잠자고, 깨어납니다. 그리고 사람뿐만 아니라 다른 존재로부터 사랑받고 신이 보호합니다. 마음이 쉽게 고요해지며 얼굴색이 맑고 깨끗해집니다. 깨달음이 아니면 브라흐만의 세계에 들어가고 혼돈 없이 죽음을 맞을 수 있습니다."

매일을 악의와 화가 아닌 자비와 사랑을 키우고, 자신과 타인에게 긍정적인 마음을 가꾸기 때문에 가능한 일일 것입니다. 자비명상을 하면 이러한 것을 경험하게 될 것입니다.

3) 자비명상을 돕는 일상생활

자비심을 발달시키기 위해서 우리의 생각, 언어, 몸을 정화해야 합니다. 그러기 위해서 우리는 솔직하고 정직하며 온유해야 하며 친절해야 합니다. 그리고 감사한 마음을 가지고 신중해야 합니다. 업무를 줄여 여유를 가지고, 소유를 줄이는 것이 좋습니다.

다른 사람을 돕는 최상의 방법에 대해 여러 번 생각하고 반추하고 난 뒤 돕는 것이 좋고, 잘 된 사람들에게 좋은 감정 태도를 가지십시오. 나쁜 것 속에서도 좋은 점이 있고 최상 속에서도 많은 실수가 있다고 배울 때 우리는 다른 사람을 보다 좋게 볼 수 있고, 자비를 보낼 수 있습니다. 어떤 존재나 대상을 차별하지 않고 수용하여 자비로운 마음을 내는 평등심을 유지해야 합니다.

자비명상은 자신을 있는 그대로 수용하고 사랑하는 마음을 일으키게 합니다. 그 힘을 바탕으로 우리는 타인, 나와 다른 존재와의 관계를 유연하게 할 수 있습니다. 잘 수행하면 우리는 어떤 상황에서든 자신과 타인, 존재를 향해 부드럽고 호의적인 태도를 가질 수 있습니다.

4) 자비명상과 명상 수행

자비명상은 위빠사나뿐만 아니라 명상 수행을 돕는 역할을 합니다. 자비가 개발되면 마음은 쉽게 집중할 수 있어서 마음이 고요해지며 이것은 몸과 마음의 과정에 대한 주의 깊은 관찰에 몰입할 수 있게 됩니다. 그리고 명상 수행 중에 나타나는 여러 현상과 고동을 수용할 수 있는 힘을 갖게 하여 수행에서 겪는 어려움을 극복하도록 돕습니다.

2 자비명상 프로그램

1) 명상 수행을 돕는 준비 과정

부처님께서는 미움은 미움으로 극복될 수 없고 사랑으로 극복된다 하셨습니다. 이것은 원망, 화, 분노 등의 부정적인 감정에도 똑같이 적용된다. 이를 위해서 자비명상을 실천하라고 하셨습니다.

자비명상 수행은 자신뿐만 아니라 타인, 사회에 대한 사랑의 수용 능력을 체계적으로 발달시킴으로써 부정적인 마음을 극복하게 하여 긍정적인 태도 변화를 일으키게 합니다. 이런 점에서 자비명상은 부정적인 감정으로 인해 야기되는 장애와 혼란으로부터 우리를 자연스럽게 치유하는 역할을 합니다.

자비의 감정은 화와 악의같이 자비를 해치는 것과는 공존할 수 없습니다. 따라서 자비명상 수행을 꾸준히 하게 되면 내면에 악의(惡意)나 화(火)와 같은 감정의 찌꺼기들이 줄어들며, 부정적인 감정을 접했을 때 긍정적인 감정으로 바꿀 힘이 커지게 됩니다.

그러나 많은 사람들은 타인을 수용하는 마음보다는 이기적이거나 적대적인 거부감을 가지고 있습니다. 이러한 부정적인 마음은 자비명상으로 서서히 극복할 수 있습니다. 미움이나 분노 등 억압된 감정으로 인해 타인에 대한 불편한 감정을 극복하지 못하는 경우에는, 먼저 억눌린 부정적인 감정을 해소해야 자비의 마음이 생깁니다. 또 자신을 부정적으로 평가하고 열등감으로 어려움이 많은 사람은 자신의 소중함을 경험한 다음에 진정으로 수용할 수 있게 됩니다.

그래서 만들어진 것이 자비명상 프로그램입니다. 자비명상 프로그램은 명상과 상담의 장점을 통합하였으며, 최상의 목표는 자신을 긍정하고 사랑하는 것입니다. 그러기 위해서는 먼저 자신의 현재 마음에 관심을 가져야 합니다. 생활에 지친 마음의 외로움과 허전함에 관심을 가지고, 사랑받고 인정받고 싶어 하는 자신의 욕구를 지켜보고 돌아보는 시간을 갖게 되면 우리는 스스로 자신의 소중함과 생기를 되찾게 됩니다.

또 자비명상은 관계 속에서 자신을 보게 합니다. 사람들과의 관계 속에서 일어나는 마음의 회오리는 갈등이 일어난 상대방과 말을 통해서 푸는 것이 좋습니다. 관계 갈등은 당사자들 간의 마음이 빚어낸 결과이기 때문에 서로의 마음을 표현함으로써 오해가 풀리고, 자신을 볼 수 있는 기회도 됩니다.

　명상센터나 절에서는 마음의 고요함이 유지되다가 가정이나 직장으로 돌아가면 그렇게 되지 않는 경우가 많습니다. 이는 수행력이 약해서이기도 하지만 남에 대한 이해가 부족한 데도 원인이 있습니다. 서로의 이야기를 통해 남도 나처럼 고통 받는 존재이며, 장점 또한 많은 사람임을 받아들일 수 있습니다. 아울러 남들에게 중심을 두느라 제쳐두었던 자신의 마음을 만나고, 관심을 기울이게 됩니다. 부처님의 말씀대로 내가 가장 중요하고 사랑스러운 것처럼 남도 소중하고 귀한 존재로 받아들이는 것입니다.

　마지막으로 자비명상 프로그램은 자신을 받아들이고, 관계에서 자신을 보게 한 뒤에 눈을 감고 자신의 마음과 몸 상태를 알아차리면서 명상을 하게 합니다. 하지만 프로그램만으로는 깊은 고요함과 평화, 궁극적인 깨달음을 얻지 못합니다. 따라서 프로그램 참가 후에는 마음의 기본적인 속성을 변화시키거나 진리에 대한 통찰을 얻는 명상 수행을 해야 합니다. 요컨대, 자비명상 프로그램은 보다 효과적인 명상수행을 돕는 준비 과정인 것입니다.

2) 자비 명상의 첫 대상은 자기 자신입니다

　자비는 마음에서 일어나는 긍정적 감정입니다. 그래서 생각이나 말로만 보내는 암송이 아닌 마음과 느낌으로 자비를 보낼 수 있어야 합니다. 그러기 위해서는 먼저 인지활동 이면에 잠들어 있는 감정을 깨우고 자각하는 활동을 해야 합니다. 그런 면에서 억압된 감정을 해소하여 건강한 감정과 접촉하고, 순간순간에 일어나는 느낌에 대한 알아차림을 강조하는 상담 프로그램이 도움이 되리라 여겨집니다.

그래서 자비명상 프로그램에서는 자신에 대한 자비로움을 가로막는 부정적인 마음과 경험을 드러내는 명상과, 감정이나 느낌을 자각하고 표현하는 상담 프로그램을 사찰 의식과 함께 사용합니다. 이를 통해 수련생들은 상담 프로그램에서 자신의 억눌린 감정을 풀어내고, 자비명상을 통해 자신과 다른 사람의 긍정적인 요소를 발견하여 명상하며, 사찰의식에서 고요함과 평화로움을 경험할 수 있을 것입니다. 그 과정에서 발달된 자신에 대한 자비의 마음을 다른 대상으로 확대시킬 수 있을 것입니다.

자비명상 프로그램 구성 순서는 자비명상의 자기 자신 - 가까운 사람(가족) - 타인 - 미워하는 사람의 순서를 따릅니다.

자비명상의 첫 대상이 자기 자신이 되는 이유는 자신을 받아들이고 사랑하는 마음이 없으면 온전히 다른 사람을 사랑하고 받아들일 수 없기 때문입니다. 우리는 나로서, 한 존재로서 있는 그대로 인정받고 존중받기보다는 어떤 조건이나 역할로 평가받고 판단 받습니다. 그래서 자신을 있는 그대로 받아들일 수 있는 기회가 주어지고, 자신을 존중하고 인정할 수 있는 기회를 이 프로그램을 통해 경험하는 것이 중요합니다.

다음으로 가족처럼 항상 함께 지내는 사람에게 자비의 마음을 내는 것은 자신에게 하는 것보다 더 힘들 수도 있습니다. 남들에게는 부정적인 마음을 일으킬 가능성이 적지만, 매일 부딪치며 사는 가족에게는 미운 마음이 더 많이 일어날 수 있기 때문입니다.

그런 점에서 가족 간의 관계를 깊게 탐색하고 그 속에 있는 자신의 입장을 만날 필요가 있습니다. '우리 가족 이야기'는 자신의 눈에 비친 가족들의 모습에 대해 이야기하는 시간입니다. 부모에게 서운했거나 상처받았던 점, 형제자매들과의 관계에서 부딪쳤던 여러 가지 문제들에 대해서 이야기하고 감정을 해소할 수 있을 것입니다. 이를 바탕으로 '가족 긍정명상' 시간을 가지게 되면, 가족을 자신의 입장에서 이해하는 것이 아니라, 가족 구성원 각자의 모습으로 받아들일 수 있을 것입니다.

함께 프로그램을 하거나 명상 수행을 하는 사람에게 자비를 보내는 것은 어려운 일은 아닙니다. 생활하면서 느낀 호의나 친근감이 사람들을 이해하는 데 도움을 주기 때문입니다. 하지만 때로는 부정적인 마음이나 이유 없는 미움이 생기는 상대방이 있는데 그럴 경우에는 불편한 마음을 먼저 살펴보고 상대방과 풀 기회를 가져야 합니다. 즉 상대방과 솔직한 마음으로 대화를 나눠보아야 합니다.

또, 함께 자비명상을 참가한 사람들에게 하는 삼배도 존중하는 마음을 키우는 데 도움을 줍니다. 부처님이 아닌 함께 했던 사람에게 삼배를 함으로써 존경하는 마음을 표현할 수 있습니다.

그리고 많은 사람들로부터 절을 받음으로써 자신을 받아들이고 인정하는 자비의 마음을 온전히 받을 수 있는 경험이 됩니다.

미운 마음이 일어나는 사람에게 자비의 마음을 내는 것은 비록 그것이 어려운 일일지라도 자기 자신을 위해서 해야 합니다. 미움을 갖고 있으면 무엇보다도 자기 자신이 가장 고통스럽습니다. 한 사람에 대해 규칙적으로 자비명상을 하면 집중이 강하지 않을지라도 그 사람과 가까워지고, 악의를 가진 그 사람의 마음도 부드럽게 바꿀 수 있습니다.

노력해도 그 사람에 대한 자비의 마음이 생기지 않을 때에는 자신이나 가까운 사람에 대한 자비로움을 다시 내는 것이 좋습니다. 미운 감정이 강하게 계속될 경우, 이전 상황으로 돌아가서 자신의 입장과 감정을 표현할 기회를 주어야 합니다. 그 다음에 상대방의 입장을 돌이켜보게 하여 이해의 기회를 제공합니다.

진행시 염두에 두어야 할 것은 명상 프로그램뿐만 아니라 상담 프로그램 시간에도 눈을 감고 자신의 마음 상태를 알아차리거나 자비명상을 해야 한다는 것입니다. 그렇게 될 때 일상생활에서 자신을 알아차릴 수 있으며, 프로그램 참가 후 자연스럽게 명상으로 연결될 수 있습니다.

3) 단계별 특성

(1) 초기 단계에 일어나는 특성
•낯설음
법당, 선방 등 사찰 공간은 일반인에게는 익숙하지 않은 장소입니다. 침묵과 고요함을 강조하는 명상이나 108배 자비명상, 예불 등의 사찰의식도 일상생활에서는 이루어지지 않은 활동으로 어렵게 다가옵니다. 어떻게 해야 할지 모르는 경우도 많으므로 자세한 안내와 설명이 필요합니다. 그리고 자비명상을 하기 위해 함께 모인 사람들도 낯설고 서먹서먹합니다.

•시간
도시의 생활은 사찰의 시계와는 반대로 밤늦게 끝나고, 아침은 늦게 시작합니다. 이러한 일상에 익숙한 사람들에게 새벽 3시에 시작하는 하루는 그것만으로도 고통이지요. 따라서 자신의 시종시간을 바꾸는 것 자체가 고행일 수 있습니다.

•언어와 행동 그리고 핸드폰
큰 소리와 빠르고 번잡한 행동, 핸드폰으로 일어나는 쉼 없는 대화가 일상생활인 사람들이 소리 내지 않고, 천천히 깨어있으면서 움직임에 익숙해지는 데는 시간이 걸립니다.

(2) 자기 긍정명상 단계에서 일어나는 특성

•자기 부정의 틀

자신의 장점을 찾고 그것을 인정하여 자기 것으로 수용하는 데 어려움이 있습니다. 겸손이라는 이름으로 자신을 숨기고, 비교 당하면서 길들여진 자신에 대한 부정의 뿌리는 깊습니다. 조금씩 있는 그대로의 자신을 받아들이는 과정이 필요합니다.

•자기 긍정과 부정의 미묘한 갈등

자신의 장점을 찾으면서 뿌듯해지고 희망과 용기가 생기면서도 반대로 자신을 부정하거나 열등하게 보는 익숙한 패턴이 불쑥불쑥 올라오는 시기입니다. 자신의 모습을 긍정적으로 보는 힘을 키우는 것이 중요합니다.

•자기 긍정과 자비명상의 관계

나의 장점을 찾고 자신을 긍정적으로 인정하는 것이 어떻게 명상인지에 대해 이해하지 못하는 경우가 많습니다. 모든 사랑의 출발점이 자기 자신이라는 것을 받아들여도, 명상으로 연결시키는 것은 어려운 일입니다. 따라서 자비명상은 자신의 마음을 자비심으로 바꿔 나가는 명상이라는 것을 주지시킬 필요가 있습니다. 이것은 가족 명상과 타인명상에서도 마찬가지입니다.

(3) 가족 긍정명상 단계에서 일어나는 특성
●가족이란 이름으로

가족에 대한 이야기를 할 때, 부모에 대해 고마움과 함께 서운함, 미움, 분노를 가진 사람들이 많습니다. 이럴 경우 가족의 긍정적인 면을 찾기 힘듭니다. 그래서 먼저 분노나 미움을 표현하고 해소할 기회를 주어야 합니다.

●가족 긍정명상

가족의 좋은 점을 칭찬하고 나면 자연스럽게 감사하는 마음이 일어날 것입니다. 이 마음은 자신의 마음을 편안하고 행복하게 해 주고, 나아가 가족의 평안과 행복을 바라는 자비의 마음으로 채워질 것입니다. 이것이 가족에게 보내는 자비명상입니다.

(4) 타인 긍정 명상에서 일어나는 특성
●타인은 소중한 사람

나뿐만이 아닌 함께 살아가는 다른 이들도 소중하고 존중받을 가치가 있는 사람이라는 것을 인정하는 것만으로도 개인에겐 성숙을 의미합니다. 왜냐하면 자신을 온전히 받아들이고 존중하는 사람이 타인도 인정할 수 있기 때문입니다.

●명상으로 연결하기

자비명상 프로그램을 하는 목적은 명상을 생활화하기 전에

명상을 방해하는 감정의 억압이나 자기 부정을 해소하는 데 있습니다. 따라서 자비명상 프로그램 후 명상이나 경전 공부 등 불교의 가르침을 배우고 실천하도록 방향을 제시하거나 모임을 구성하는 것이 좋습니다. 또한 자비명상 프로그램 경험이 일상생활에서의 변화로 이어지기 위한 안내도 있어야 합니다.

(5) 미워하는 사람에 대한 명상에서 일어나는 특성
● 미워하는 사람 생각하기
　가장 미워하거나 불편한 마음이 있는 사람을 떠올릴 때 분노와 격한 감정, 슬픔 등이 올라올 수 있습니다. 가끔은 상처받은 기억은 있으나 그것을 기억하지 못할 수도 있습니다. 천천히 자신의 삶을 돌아보면서 미워했던 사람을 떠올려 보는 것도 좋은 성찰 시간이 됩니다.

● 미워하는 사람에 대한 자비 – 용서하기
　미워하는 사람에 대한 자비명상은 그 사람이 행복해지고 편안해지기를 바라는 마음이 일어나지 않기 때문에 어려운 경우가 있습니다. 이 때는 그 사건에 대해 이야기하거나 감정을 표출할 기회를 주는 것이 좋습니다. 그리고 자비명상이 되지 않을 때에는 애쓰지 말고 자신에 대한 자비명상으로 돌아와야 합니다. 용서해야 자신이 편안한 것은 알고 있지만 마음이 잘 움직여지지 않아서 힘든 점을 감안하여 분노와 억울함, 슬픔을 풀어주어야 합니다.

(6) 어려운 참가자 대처하기[4]

프로그램 중에 보이는 행동은 일상생활에서도 반복될 가능성이 큽니다. 그 행동에 대해 솔직하고 부드러운 표현은 그 사람의 부정적인 행동 패턴을 고칠 수 있게 도와줍니다. 이러한 행동들이 나타났을 때 진행자보다는 참가자들이 이야기해 주는 것이 더 좋습니다.

● 침묵하거나 참여하지 않는 참가자

침묵하는 모든 사람이 프로그램에 참여하지 않는 것은 아닙니다. 그러나 계속되는 침묵은 다른 구성원들에게 부정적인 영향을 끼칩니다. 따라서 지도자는 침묵에 대해 말할 기회를 주어야 합니다.

"아무 말씀도 안 하고 계시는데 지금 기분은 어떠세요?"라든가 "저는 ○○님이 이야기를 하지 않아서 신경이 좀 쓰이는데 다른 분들은 어떠세요?" 등의 질문을 하여 침묵이 무엇을 의미하는지 살펴볼 필요가 있습니다.

● 혼자서만 말하는 참가자

침묵과는 반대로 다른 참가자들이 말할 기회를 주지 않고 혼자서 이야기 시간을 독점하는 사람이 있습니다. 특별한 경우를 제외하고는 일상생활에서도 이야기를 듣기보다는 자신의 이야기

---

4) 『집단상담의 과정과 실제』 pp. 226~244 인용

를 계속하여 대화를 독점할 확률이 높지요.

이때는 상담자가 말을 많이 하는 구성원에 대해 "다른 사람의 느낌이나 상황은 어떤지 들어보고 싶은데 ○○님은 어떠세요?"라든가 "말이 계속 길어지니까 저는 좀 집중이 안 되는데 다른 분은 어떠세요?" 등의 질문으로 자신의 대화를 점검하게 하는 것도 좋은 방법입니다.

• 과거 이야기만 계속 하는 참가자

대부분의 경우 상담 프로그램 과정에서는 과거에 대한 이야기보다는 지금 현재 느끼는 감정이나 생각에 초점을 맞춥니다. 과거에 대한 탐색을 해야 할 경우는 현재 문제 행동의 원인이나 자신에 대해 깊은 탐색이 필요할 때입니다. 그러나 간혹 참가자 중에는 자신의 옛날 이야기나 한 맺힌 이야기를 하면서 많은 시간을 보내는 경우가 있습니다.

이런 상황일 때 대처방법이 여러 가지가 있겠지만, 다른 구성원이 들어줄 만한 여유가 있고, 쌓인 게 너무 많아서 이런 식으로라도 풀어내야 할 경우라면 계속 하게 하는 것도 효과적일 수 있습니다. 그러나 많은 사람들이 지루해 하고, 반복되는 넋두리라면 이야기를 끊는 것이 좋습니다.

• 질문

자신의 호기심이나 궁금증을 해소하기 위하여 상담자나 다른 구성원에게 끊임없이 질문하는 경우가 있습니다. 이럴 경우에는 물음표가 붙는 질문으로 하지 말고, 평서문으로 하라고 요구하는 것이 필요합니다.

예를 들어 "당신은 왜 ○○을 울렸나요?" 대신에 "당신이 ○○을 울릴 때 난 화가 났어요."로 고쳐서 말하게 합니다.

• 의존성

의존적인 사람은 끊임없이 참가자나 진행자가 자신의 방향을 제시해 주기를 바랍니다. 이러한 사람은 혼자서 일을 진행하기보다는 다른 사람에게 의존하게 됩니다. 그렇게 하게 됨으로써 책임을 면할 수 있으나 점점 무력해집니다. 따라서 이러한 의존성을 진행자가 제지시켜 주어야 합니다.

• 조언

어떤 문제나 어려움에 대해 이야기를 하면 자기 방식대로의 조언이나 충고를 하는 경우를 말합니다. 조언이나 충고는 당사자에게 전혀 효과가 없다는 것을 인식시키는 것이 중요합니다.

• 자신이 가장 힘들게 살아온 사람으로 행동하기

다른 참가자보다 삶의 경험이 많거나, 굴곡 있는 삶을 살아왔다고 생각하는 경우에 다른 참가자들이 하는 말들이나 행동에 대해 대수롭지 않게 반응합니다. 이렇게 되면 자신의 마음을 표현한 당사자는 상처를 받게 됩니다.

•주지화

감성이나 느낌을 경험하지 않고, 생각으로 모든 현상을 판단하고 분석하는 경우를 말합니다. 이러한 특성을 보이는 사람은 자신의 감정을 접촉하기 싫어하거나 두려워하며, 다른 사람들을 피곤하게 합니다. 따라서 자신의 주지화가 다른 사람에게 어떤 영향을 끼치는지 알 필요가 있으며 이들에게는 몸으로 하는 프로그램이 적합합니다.

미운 마음이 일어나는 사람에게
자비의 마음을 내는 것은 비록 그것이 어려운 일일지라도
자기 자신을 위해서 해야 합니다. 미움을 갖고 있으면
무엇보다도 자기 자신이 가장 고통스럽습니다.
한 사람에 대해 규칙적으로 자비명상을 하면
집중이 강하지 않을지라도 그 사람과 가까워지고,
악의를 가진 그 사람의 마음도
부드럽게 바꿀 수 있습니다.

자비명상
진행자를 위한 안내

명상의 창 __ 진행자 자신을 위한 자비명상

제자들이 열반을 앞둔 경봉 노스님께 마지막 말씀을 여쭈었습니다. 경봉 노스님은 "사바세계를 무대로 한바탕 멋지게 살아라"고 말씀하셨습니다.

사바세계가 무대라면 우리는 모두 연극배우입니다. 여러분은 어떤 배우로 살아가고 있습니까? 무대에서 기쁨이나 웃음 등 긍정적인 것을 주로 선택합니까? 반대로 화나 짜증을 자주 선택합니까? 어떤 상황에서 웃음을 선택할지, 화를 선택할지는 우리의 몫이며, 그로 인해 행복과 불행은 달라집니다.

어떻게 하면 기쁨과 즐거움을 주로 선택하는 연극배우가 될 수 있을까요?

먼저, 스스로를 무대에서 웃을 일이 많은 희극의 주인공으로 만드는 것입니다. 그렇게 될 때 불행하지 않으며 삶이 행복해집니다.

지금부터 당신을 세상이라는 무대에서 행복을 열연하는 배우로 임명합니다.

그리고 또 하나는 기쁨이든, 노여움이든, 슬픔이든, 즐거움이든 자신에게 일어나는 감정을 온전히 느끼고 흘러가게 두는 것입니다. 기쁘면 웃고 슬프면 눈물 흘리

며 화가 나면 화가 나는 대로, 즐거우면 즐거운 대로 감정을 느끼고 알아차리면 순간순간 일어나는 감정에 충실하게 됩니다. 이렇게 될 때 작고 미세한 감정에도 예민하게 되며 웃을 일도 많아지게 됩니다.

변화란 쉽지 않습니다. 이때까지 화를 선택하다가 갑자기 기쁨과 즐거움과 친해지기에는 어려움이 따릅니다. 용기를 내어 지구에서 가장 멋지게 웃고, 눈에서 불꽃이 튈 정도로 화를 내고, 눈물이 줄줄 흐르도록 대성통곡을 하고, 즐거움의 춤을 덩실덩실 춰보세요. 누가 보면 미쳤다고 말할 정도로 희로애락의 연기를 해보세요.

쑥스럽고 힘들 것입니다. 그래도 힘을 내서 한 번 해보세요. 자신의 틀을 깨는 것이 쉬운 일은 아닙니다. 그러나 잊지 말아야 할 것은 '틀'을 깨는 것도 나 자신이고, 만든 것도 나 자신이라는 것입니다.

기억하십시오!

당신에게 주어진 세상이라는 무대에서 그리고 삶이라는 무대에서 행복과 불행을 선택할 권한은 당신에게 있다는 것을…

1 진행자 자신을 위한 자비명상 프로그램

1) 온전히 자신에게 집중하라

자비명상을 진행하기 전에 먼저 자신을 받아들이는 시간이 필요합니다. 스스로 자신에 대한 수용과 명상이 되지 않으면 진행하기가 어려울 뿐만 아니라 의미도 없습니다.

자신에 대한 자비명상은 자신만의 시간을 통해 자신을 만나는 것입니다. 독립된 공간이 있으면 좋겠지만 여의치 않으면 묵언을 하는 것이 좋습니다. 외부의 연락이나 번거로운 일상을 접고 본인에게만 온전히 집중하는 시간이 필요합니다.

2) 자비명상 프로그램

(1) 108배 자비명상

108배 자비명상을 안내하는 CD의 내용은 자신과 타인, 존재 일반에 대한 자비명상으로 구성되어 있습니다. 안내 문구에 온전히 집중하면서 108배를 합니다. 끝난 뒤 조용히 자리에 앉아서 내면으로 들어가는 시간이 필요합니다.

(2) 가족/친구가 소개하는 나

자신을 잘 알고 있는 가족이나 친구, 도반이 되어 나를 소개하는 글을 써보세요. 주위 사람들은 나를 어떻게 보고 있다고 생각하세요?

(3) 장점 찾기

나에게 있는 장점을 20개 정도 찾아 적어보세요. 자신을 긍정적으로 보지 못하면 자비명상을 진행하기 어렵습니다. 연습이 필요합니다.

(4) 이것이 나입니다 – 내면의 나 만나기

자신이 살아온 삶을 A4지에 적습니다. 어릴 때부터 천천히 자신의 삶을 돌아보면서 행복했던 일, 힘들었던 일 등 자세하게 적으면서 내면의 자신을 만나기 바랍니다. 상처받고 울고 있는 아이가 있으면 위로해 주고, 행복한 아이와 함께 기뻐해 주십시오. 그리고 힘들었지만 지금 잘 살고 있는 자신에게 격려와 지지를 보내십시오.

(5) 걷기 명상

자신의 삶을 돌아보고 난 뒤 걷기 명상을 하면서 산책하시기 바랍니다. 자연과 함께할 수 있으면 더 좋습니다.

(6) 유서 쓰기 & 용서 명상

자신이 30분 뒤에 죽는 시한부 인생이라고 생각하고 유서를 써보십시오. 용서하지 못할 정도로 미운 사람도 용서하는 시간을 갖도록 해 보십시오. 힘드시면 안 하셔도 좋습니다. 그러나 여러분은 30분밖에 살지 못합니다.

(7) 긍정 바퀴 그리기

중앙에 자신의 원을 그립니다. 그리고 그 원을 둘러서 주위 사람을 의미하는 원을 그립니다. 원을 그리고 난 뒤 각각의 원에 해당하는 사람을 정하고, 그 사람의 장점이나 긍정적인 면을 3가지 이상 써 넣으십시오. 상냥한, 활발한 등으로 말입니다.

(8) 단점 뒤집어 보기

자신의 단점을 적습니다. 그리고 그 단점의 긍정성과 부정성을 모두 찾아보십시오. 예를 들어 말이 많은 것이 단점이라고 생각하면 부정적인 면은 수다스럽고, 가벼워 보이고 등이며, 긍정적인 점은 쾌활해 보이고 친근해 보이는 것입니다.

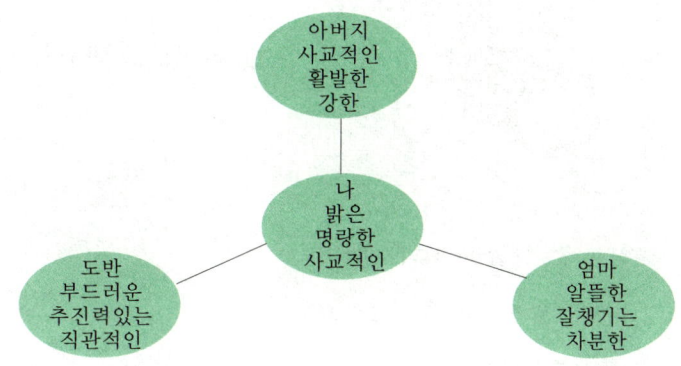

부정성	단점(특성)	긍정성
수다스럽고 가벼워 보임	말이 많은	쾌활한, 친근해 보임
타인에게 상처를 줌	공격적인	스트레스 해소

(9) 미래의 나 칭찬하기

미래의 자신을 칭찬하는 글을 10가지 적어 보십시오. 어떤 모습이 멋지고 좋습니까?

3) 일정표 – 부록 1 참조

명상의 창 __ 일반인 자비명상

날마다
좋은 날 되세요!

"성 안 내는 그 얼굴이 참다운 공양구요,

부드러운 말 한 마디 미묘한 향이로다!

깨끗해 티가 없는 진실한 그 마음이

언제나 한결같은 부처님 마음일세!"

어두운 방에 불을 켜면 방안을 채운 어둠은 사라지고, 밝음이 방을 가득 채웁니다. 그리고 밝은 빛은 창밖으로 나갑니다.

우리의 마음도 이와 같습니다. 자비로움이 우리에게 가득 차면 미움, 욕심, 시기, 질투는 사라집니다. 그리고 난 뒤 주위와 타인의 마음도 자비롭게 합니다.

우리의 마음을 자비롭게 하는 가장 쉬운 방법은 얼굴에 자비의 미소를 머금는 것입니다. 그리고 자신이 낼 수 있는 최고로 부드러운 말을 하는 것입니다.

만나는 사람에게 먼저 웃어 주고, 부드러운 말로 인사를 하기 위해 연습이 필요할 겁니다. 거울을 보며 혼자서 연습해 보세요.

먼저 굳어있는 얼굴 근육을 풀어보세요.

그리고 만나는 사람에게 부드러운 말로 웃으면서 인사를 건네 보세요.
쑥스럽지만 조심스럽게 한번 실천해 보세요. 마음이 어떤지….

인사할 때
"날마다 좋은 날 되세요."
라고 말하는 건 어떨까요?

우리가 웃으면서 부드러운 인사를 건네는 것은
사람들을 귀중하게 생각한다는 마음을 표현하는 것입니다.
이렇게 될 때 여러분도 소중하고 귀한 사람이 됩니다.

날마다 좋은 날 만드시길…

2 일반인 자비명상 프로그램

1) 자비심을 확산시키는 법

자비 명상은 자신에 대한 사랑을 바탕으로 일체 모든 생명들에게 자비의 마음을 확장시키고 삶을 긍정적인 자세로 변화시켜서 이타적이고 욕심 없는 마음 상태를 발달시키는 붓다가 가르친 명상법입니다. 자비명상은 고통받는 마음을 치료하는 자기-심리치료의 한 방법으로 마음의 괴로움과 혼돈으로부터 자유롭게 합니다.

자비 명상을 시작할 때 가장 중요한 것은 먼저 자기 자신을 사랑스러운 마음으로 받아들이는 것입니다. 그러나 많은 사람들은 자신을 소중하게 생각하기보다는 열등감, 무가치감 등으로 자신을 가치 없는 존재로 생각합니다. 이런 상태에서는 자비의 마음이 자라지 않기 때문에 먼저 자기 부정의 마음을 극복하고 사랑의 마음을 키워야 합니다.

자비는 마음에서 일어나는 긍정적 느낌이지 인지나 생각이 아닙니다. 그래서 생각이나 말로만 보내는 암송이 아닌 마음과 느낌으로 자비를 보낼 수 있어야 합니다. 그러기 위해서는 먼저 인지활동 이면에 잠들어 있는 감정을 깨우고 자각하는 활동을 해야 합니다. 그런 면에서 억압된 감정을 해소하여 건강한 감정과 접촉하고, 순간순간 일어나는 느낌에 대한 알아차림을 강조하는 상담 프로그램이 도움이 됩니다.

그래서 본 프로그램에서는 자신뿐만 아니라 타인의 긍정적인 점을 찾고 표현하는 명상 프로그램과 감정과 느낌을 자각하고 표현하는 상담 프로그램을 사찰 의식과 함께 사용하고자 합니다. 이를 통해 참가자들은 상담에서 자신의 억눌린 감정을 풀어내고, 명상을 통해 자신과 타인의 긍정적인 요소를 발견하고 사찰의식에서 고요함과 평화로움을 경험할 수 있을 것입니다. 그 과정에서 발달된 자신에 대한 자비의 마음을 다른 대상으로 확대시킬 수 있을 것입니다.

또 상담 프로그램과 자비 명상, 행선, 좌선, 절을 통해 말과 침묵, 움직임과 고요함이 조화를 이루는 경험을 함으로써 수련이 끝나고 일상생활로 돌아가서도 자신을 고요히 지킬 수 있는 힘을 가지게 될 것입니다.

2) 전체 일정과 구성

(1) 첫째 날 - 익숙한 것에서 벗어나 새로운 것을 만나다.

사찰에서 머무는 경험이 전혀 없는 사람은 절과 스님, 분위기만으로도 낯설고 어리둥절한데 처음 만나는 사람들까지 있으니 더 난감하기 마련입니다. 이 때 웃으면서 접수를 받는 사람이 있다면 한결 마음이 편안해지겠죠. 첫 날에는 규칙을 강조하는 것보다는 사찰의식의 의미나 방법을 자세하게 안내하고, 상담 프로그램에서는 참가자들이 마음을 터놓을 수 있는 분위기를 만들고 참가자들끼리 서로 친해질 수 있는 내용으로 구성하는 것이 좋습니다. 그리고 상담 프로그램을 할 때 유의할 점에 대해서 소개해야 합니다.

침묵과 고요함을 강조하는 사찰 의식과 솔직한 감정 표현과 적극적인 활동을 강조하는 상담 프로그램에 참여하는 자신에게 깨어 있어야 함을 강조합니다.

(2) 둘째 날 - 침묵할 때 침묵하고 말할 때 말하자.

아침 108배 자비명상을 해봄으로써 사찰 분위기와 수행에 익숙해져서 의식에 자연스럽게 참여하게 됩니다. 그리고 상담 프로그램을 통해 참가자들 간에 친분이 형성되어 마음이 열리면서 깊은 자신의 문제를 노출하고 다룰 힘이 생깁니다. 이를 바탕으로 자신과 가족을 긍정하는 자비 명상을 할 수 있게 됩니다.

내면의 감정이 표출되면서 더욱 활발하고 적극적인 모습을 띠게 되는 한편으로 반대 요소인 정과 침묵을 놓칠 수 있습니다. 이때 중요한 역할을 하는 것이 명상 프로그램과 108배 자비명상입니다. 명상 프로그램은 자신과 타인을 적극적으로 표현함과 동시에 자비명상이 이루어지기 때문에 조화를 이룰 기회를 제공합니다. 그리고 108배 자비명상은 자신과 타인, 환경, 존재에 대한 자비 문구가 나오는 CD의 안내대로 실시됩니다. 끝난 뒤 좌선 시간을 10분에서 20분 정도 가져서 내면으로 들어가는 시간을 가질 필요가 있습니다. 둘째 날에는 두 요소의 조화에 중점을 두어야 함을 기억하십시오.

(3) 셋째 날 – 사랑스러운 나! 세상 속으로 나가다.

자비명상 프로그램을 끝내고 집으로 돌아가는 날입니다. 사찰에서의 조용하고 편안한 일상이 아닌 갈등과 각박함이 있는 사회로 나갔을 때 어떻게 살아갈 것인가에 대한 고민이 일어나고 함께했던 사람들과 헤어지는 아쉬움도 있습니다. 따라서 일상생활로 이어질 수 있도록 에너지를 충전하는 프로그램이 적합하고, 헤어지는 아쉬움을 충분히 나누어서 편안한 마음으로 받아들이도록 합니다

예불과 108배 자비명상, 걷기 명상과 좌선, 발우 공양 등 절에서 기본적으로 하는 활동은 사찰의 일정을 따르고, 자비명상

프로그램은 자기 자신 – 존경하는 사람 – 사랑스러운 사람(가족, 친구) – 적의가 있는 사람 등으로 이어지는 자비명상의 순서에 맞춰 자기 긍정, 가족 긍정 명상 등이 진행됩니다. 그리고 자비 명상에 도움이 되는 상담 프로그램이 도중에 함께 진행됩니다.

2박 3일 동안에는 자신을 만나고 가족을 이해하고 받아들이는 상담 프로그램과 자기와 가족, 타인을 긍정하는 자비명상, 그리고 사찰의식이 함께 이루어집니다. 그러나 1박 2일 프로그램은 가족까지 확대할 만한 시간이 없기 때문에 자기 긍정 명상에 중점을 두고 마무리 단계에서 함께 참가한 사람들을 존중하는 절 명상을 하게 됩니다.

3) 진행상의 유의점

진행자는 사찰 규칙으로 통제하기보다는 참가자들이 편안하게 프로그램에 참가할 수 있도록 돕습니다. 대중스님들과 함께 쓰는 공간과 분리된 곳이 있다면 최적의 장소가 될 것입니다. 진행을 할 때에도 프로그램대로 뭔가를 끌어내기 위해서 애를 쓰면 역효과가 날 수 있으므로 자연스럽게 흘러가는 대로 두기 바랍니다.

그리고 자신이 머물 사찰에 대한 이해가 있어야 하므로 간단한 안내와 함께 주로 쓸 공간을 직접 확인하는 게 진행에 도움이 됩니다. 예불문에 대한 간단한 설명과 절하는 방법, 명상 자세

등에 대한 안내도 꼭 필요한 부분입니다.

　본 프로그램에서는 어묵동정이 분명하게 드러납니다. 상담에서는 말과 활발한 움직임이, 발우공양, 명상 등에서는 침묵과 고요함이 중심을 이룹니다. 그리고 둘의 요소가 동시에 나타나는 명상 프로그램이 있습니다. 참가자들이 정적인 활동과 동적인 활동의 경험 속에서 자신의 새로운 모습을 발견할 수 있으나, 상반된 내용으로 진행되는 과정에 참가자들이 자신의 행위와 마음에 깨어있도록 진행하여야 하는 어려움이 있습니다.

　이를 위해서는 자신이나 타인을 긍정하는 활동 후 자비명상이 이루어지는 프로그램뿐만 아니라 상담 프로그램의 소감 나누기 후에도 잠시 눈을 감고 몸과 마음을 자각하거나 자비명상을 합니다. 또 사찰 의식에 참여하면서 일어났던 생각과 욕구를 알아차린 후 프로그램 때 표현함으로써 다음에는 더 잘 깨어있을 수 있도록 도움을 줍니다. 기억해야 할 것은 이 프로그램은 명상으로 이어지는 기본 작업이라는 것입니다.

　상담 프로그램에 참가할 때는 적극적으로 자신을 표현하고 드러내면서 활동하고, 사찰 의식에서는 조용히 자신의 행위와 마음이 깨어있는 상태를 유지하도록 구성과 진행의 묘를 살리는 것이 관건이라고 할 수 있습니다.

4) 자비명상 프로그램

(1) 사찰 의식 프로그램

사찰의 모든 일정에 참가할 수는 없지만 사회와는 다른 침묵과 고요함, 인내를 배울 수 있는 프로그램 중심으로 구성하는 것이 좋습니다. 아침과 저녁 예불에 참가하는 것은 필수 프로그램으로 넣어야 합니다. 특히 새벽에 이루어지는 예불에는 꼭 참석하도록 해야 합니다. 108배 자비명상에는 이웃종교인들도 참여해야 하는데, 우상의 개념이 아니라 자기와 타인을 존중하고 공경하는 의미로 절을 권하는 것이 좋습니다.

그리고 명상을 할 때는 처음 하는 사람들이 많기 때문에 처음부터 화두선처럼 어려운 것을 할 것이 아니라 쉽게 접근할 수 있는 위빠사나나 자비명상이 적당하다고 생각되며, 발우 공양이 가진 의미와 철학에 대한 소개와 함께 자세한 안내가 필요합니다.

① 예불과 타종

우리의 귀의처인 부처님, 부처님 말씀, 스님들에 대한 공경의 마음으로 아침, 저녁예불에 참석하고, 타종은 예불 시에 타종을 하는데, 인원에 따라 두세 명이 한 조가 되어서 3번씩 종을 칩니다.

예불 때 치는 사물은 각각의 의미를 가지고 있습니다. 법고는 법을 전하는 북으로, 짐승을 깨우치기 위하여 그리고 운판은 구름처럼 생긴 철판으로 하늘을 날아다니는 중생을 제도하기 위하여 두드립니다. 나무로 만든 물고기 모양의 목어는 물 속에 있는 모든 생명을 깨우기 위하여, 그리고 범종은 천상과 지옥에 있는 중생을 구하기 위한 것으로 아침에는 28번, 저녁에는 33번을 칩니다. 범종을 칠 때는 천상과 지옥에 있는 중생이 편안해지기를 바라는 자비의 마음으로 칩니다.

② 108배 자비명상

법당에서 3배를 하는 이유는 부처님을 존경하는 의미가 강하지만, 108배 자비명상이나 1,000배 등으로 숫자가 많아지면 수련에 가까워집니다.

108배 자비명상은 자신과 타인, 존재 일반에 대한 자비명상으로 구성되어 있습니다. 처음 해보는 사람들은 108배 자비명상 자체가 너무 힘들어서 짜증이 올라오거나 지루함을 느낄 수 있습니다. 다른 종교를 가진 사람은 우상이라는 것에 끄달려 편안하지 못할 수도 있지요. 어떤 것이든 절을 하는 동안 자신에게 일어나는 모든 현상을 알아차리는 것이 중요합니다.

108배 자비명상이 끝난 다음에 자리에 조용히 앉아서 내면으로 들어가는 시간이 꼭 필요합니다. 절이 끝난 후에 마음에서 일어나는 자신의 변화를 온전히 보아야 합니다.

③ 걷기 명상, 앉아서 하는 명상, 누워서 하는 명상

행주좌와 어묵동정의 모든 생활에서 우리가 스스로를 알아차리고 깨어있으면 좋겠지만, 직장과 가정의 번잡함 속에서는 현실적으로 힘든 일이지요. 그래서 사람들은 단 며칠 만이라도 조용히 쉴 수 있고 들여다 볼 수 있는 프로그램에 참가하는 것입니다. 그런 점에서 참가자들은 자신을 보고자 하는 명상 자세가 되어 있다고 할 수 있습니다.

사찰에 있는 숲길이나 오솔길을 걸으면서 하는 명상은 편안함과 휴식을 줍니다. 아침에 108배 자비명상과 좌선 후에 함께 발을 맞춰서 행선을 하는 느낌은 신비롭고 아름답습니다. 먼저 스님이 앞장서서 걷고 참가자들은 줄을 맞춰서 따라 걷습니다. 발걸음의 움직임을 알아차릴 때 오른발 왼발로 이름을 붙이면서 걸을 것인지, 아니면 한 발을 들면서 들어, 앞으로, 놓음 세 단계로 알아차릴 지는 스님이 정해 주시는 게 좋습니다. 첫날에는 오른발 왼발로 가볍게 하고, 둘째 날에는 세 단계로 세분화시키는 것이 어떨까 싶습니다.

좌선을 할 때는 가부좌나 연화좌 등 자신이 편안한 자세로 앉게 하고, 배의 일어남과 사라짐을 중심으로 알아차리되 떠오르는 생각이나 느낌 등의 현상에 마음이 쏠리면 그것을 알아차리게 합니다. 처음인 사람들은 많은 생각들이 일어났다 사라져 가는데 그것을 따라가거나 매달리지 말고 그 현상을 알아차리게 합니다. 혹 다른 명상 중에 있는 분은 그것을 해도 좋습니다.

잠자기 전에 하는 와선 시에는 편안한 상태로 누워서 배의 일어남 사라짐을 알아차리되 좌선과 마찬가지로 다른 현상도 알아차립니다. 알아차림이 계속 이어지면 잠들지 않겠지만 대부분의 사람들은 알아차림이 약하기 때문에 잠들어 버립니다.

④ 발우(떼발우) 공양

발우 공양은 사찰에서 이루어지는 합리적이고 환경친화적인 식사법입니다. 처음에는 익숙하지 않아서 힘들고 부담스럽지만 조금만 익숙해지면 좋은 식사법임을 알게 됩니다. 발우 사용법에 대한 간단한 설명과 함께 음식 찌꺼기가 나오지 않기 때문에 경제적이면서 깔끔하고, 각자 적당한 양을 먹기 때문에 위생적이고, 알아차리면서 음식을 먹기 때문에 양을 조절하고 절제할 수 있어서 식탐을 줄일 수 있는 이점 등 발우 공양의 의미에 대해 말해 주는 것이 좋습니다.

발우 공양을 할 때에는 음식을 집어서 입에 넣고 삼키는 동작 하나하나와 더 먹고 싶어하는 마음, 맛없으면 밀쳐내는 마음 등을 알아차려야 합니다. 그리고 씹을 때는 씹기만 하고, 집을 때는 집는 동작만 하면서 알아차리는 것이 중요합니다. 우리들 대부분은 음식을 씹으면서 다른 반찬을 집고 숟가락을 움직이는 등 여러 동작을 함께 합니다. 그러면 알아차리기가 힘들어집니다. 한 번에 한가지의 동작을 하도록 강조합니다.

떼발우 공양이라는 말은 큰 그릇에 함께 밥을 비벼 먹는다는 말입니다. 밥을 비벼 함께 먹으면서 편안한 가족 같은 분위기를 느끼고, 나 너 구별 없이 그 속에서 마음이 즐겁고 행복해졌으면 하는 바람을 가졌습니다. 그렇게 공양을 하고 나면 친근하고 익숙한 표정의 웃음을 짓게 됩니다.

⑤ 울력

한두 명이 대중이 쓰는 공간인 사찰을 정갈하고 차분하게 관리하는 데는 어려움이 있습니다. 그래서 함께 공간을 정리하고 청소해야 합니다. 그렇기 때문에 매일 스님들이 함께 하는 울력은 중요한 의미를 가집니다. 어느 사찰을 가도 지저분한 모습을 좀처럼 볼 수 없는 것은 우리들이 보지 못하는 시간에 스님들이 함께 하신 울력 덕분입니다.

함께 빗자루로 마당을 쓸면서 깨끗해지는 것을 보고, 수련원을 청소한 후에 상쾌함을 함께 누립니다. 이 때도 역시 자신이 청소를 하는 동작뿐만 아니라 어떤 역할을 하고 있는지, 어떤 마음이 올라오는지 알아차려야 합니다.

⑥ 스님과 차 마시기

스님들은 대수롭지 않게 여기는 일일지 모르겠지만, 스님과 이야기를 하고 차를 마시는 행동을 대부분의 사람들은 즐거워하고 좋아합니다. 스님들은 자신들처럼 일상생활을 함께 하는 분들이 아니기 때문에 베일에 쌓인 듯한 느낌을 받기도 합니다. 스님과 차를 마시면서 이야기를 나누는 기쁨을 참가자들에게 주었으면 하는 바람이 있습니다. 차에 대한 이론적인 설명이나 다도 의식에 대해서 많은 설명을 해주면 도리어 참가자들이 지루해 할 수도 있습니다. 스님이 마음 문을 열고 인간적인 모습을 드러내면, 참가자들 역시 허심탄회하게 이야기를 합니다.

　(2) 상담 프로그램
　처음 만난 사람들에게 자신을 소개하는 내용에서부터 가족에 얽힌 아픈 과거를 털어놓는 것까지 다양한 이야기가 나올 수 있습니다. 이야기를 통해 아픔과 고통을 드러내면서 자신의 모습을 객관적으로 볼 수 있는 프로그램으로 구성하되, 나를 표현하고 가족에 관한 이야기를 하는 등 자비 명상의 순서와 내용에 어울려야 합니다.
　그리고 참가하는 사람들이 말을 할 때는 타인에게 집중하기보다는 자기 자신을 알아차리게 하고, 표현할 때도 자신의 생각보다는 지금 현재 자신에게 일어나는 느낌을 표현하도록 합니다. 처음에는 느낌을 잘 모르기 때문에 느낌용어를 모은 종이를 가지고 먼저 자신의 느낌 찾기 연습을 하는 것이 좋습니다.
　다른 사람과 함께 하는 활동이기 때문에 듣는 태도에 대해서도 안내가 필요합니다. 대부분은 듣는 데 익숙하지 않아 처음에는 연습이 필요하지만 서서히 자연스럽게 듣게 됩니다.

① 자기 소개 하기 - 별칭 짓기

조용히 눈을 감고 얼굴에는 미소를 지어보시기 바랍니다. 편안하게 웃고 있는 자신의 모습을 눈앞에 그려보시기 바랍니다. 평화로운 자신의 모습에 어울리는 이름을 찾아보고 그 중에서 가장 마음에 드는 이름을 붙여 보시기 바랍니다. 정해진 형태는 없습니다. 무엇이든 그 모습을 잘 나타내는 말을 찾으십시오. 마음 속으로 이름을 불러보시기 바랍니다. 잘 어울리는 이름이면 그대로 두시고 바꾸셔도 좋습니다. 가만히 눈을 떠서 그 이름을 이름표에 적어 주십시오.

보이는 나와 실제 나!

구성원들에게 자신을 소개함으로써 친근감을 기르며 다른 참가자들에게 관심이 생깁니다. 자신에게 붙여진 역할로서가 아니라 자신의 본모습에 대해 생각해보는 시간이 됩니다.

진행 방법
- 별칭을 적고 난 뒤에 원으로 둘러앉아 별칭을 지은 이유와 의미 등 자신을 소개합니다.
- 별칭 소개가 끝난 뒤 구성원들의 별칭으로 짧은 글짓기를 할 수 있습니다.
- 어떤 별칭이 인상적이었는지 이야기해 보는 기회를 가지는 것도 좋습니다.

- 소개가 끝나면 전체적으로 소감을 나눕니다.

주의할 점

- 수련회 동안에는 별칭 뒤에 ○○님으로 부릅니다.
- 시간이 남아서 짧은 글짓기를 할 경우에는 형식이 없으므로 자연스럽게 진행합니다. 처음에 모두 익숙해 하지 않으면 상담자가 예를 들어주는 것도 좋은 방법입니다.
- 충고하거나 질문을 일방적으로 많이 하는 경우에는 제지시키는 것이 좋습니다.

진행 tip

별칭에 담긴 의미나 별칭 소개를 하는 참가자들의 모습에서 그 사람을 파악할 수 있으므로 진행자는 개인의 세세한 것들을 기억하고 있어야 합니다. 그리고 처음 시작하는 장인 만큼 참가자들의 이야기에 대한 비밀보장에 대해 말할 필요가 있습니다. 또 프로그램을 진행할 때는 순서를 정하기보다는 자발적으로 참여하도록 두는 것이 좋습니다. 덧붙여, 일상생활에서 다른 사람보다 앞서서 했던 사람은 좀 기다리는 경험을, 반대인 경우에는 빨리 용기를 내서 해보는 것이 자신의 스타일을 바꾸는 데 도움을 준다는 것을 말씀해 주시기 바랍니다.

② 친분 쌓기 활동

어색함을 풀고 구성원들에게 관심을 가짐으로써 친분을 쌓고 자신의 모습을 바라보는 상담 프로그램은 많이 있습니다. 그 중에서 상대방의 눈을 바라봄으로써 타인을 깊게 만나는 '눈으로 말해요'와 자신의 입장에서 타인이 되어 보고, 타인의 눈으로 본 자신을 소개받는 '나는 너 너는 나', 그리고 상상을 통해 자신의 모습을 발견할 수 있는 '개별상상하기'를 소개합니다.

하나: 눈으로 말해요.

지금부터 짝을 지어서 눈으로 말하기를 하겠습니다. 마주보고 앉아서 손을 잡아주시기 바랍니다. 신호가 주어지면 서로 눈을 마주보고 말없이 이야기를 나누다가 신호가 오면 말로 이야기를 나누겠습니다. 상대방에게 하고 싶은 말을 눈으로 하여도 좋고, 눈 속에서 떠오르는 장면이나 느낌을 그대로 느껴보시는 것도 좋습니다. 처음에 어색하여 웃음이 나오더라도 눈은 피하지 마시기 바랍니다. 그리고 웃음이 나오는 자신의 모습을 잘 살펴보시기 바랍니다.

귀로 말하고 눈으로 듣기!

상대방의 눈을 바라봄으로써 외형적으로 드러나지 않는 내면을 만나게 되고, 첫인상에서 받은 선입견을 깨뜨리는 계기가 됩니다. 그리고 상대방에 관한 관심이 높아지며 남이 보는 자신의 모습에 대해 생각할 기회를 제공합니다. 눈을 바라보는 활동이 자연스럽게 이루어짐에 따라 다른 사람의 말을 집중해서 들을 수 있게 됩니다.

진행 방법

- 2명씩 짝을 지어서 손을 잡고 말없이 마주 보게 합니다. 1분에서 2분 정도.
- 상대방에게서 떠오르는 느낌이나 장면을 서로 이야기합니다. 5분에서 10분 정도.
- 한 명이 끝나면, 다시 상대방을 바꾸어 계속 진행합니다.
- 인원이 적을 경우에 구성원 모두가 눈으로 대화를 나눕니다.
- 시간이 마무리되면 전체적으로 소감을 나눕니다.
- 눈으로 말한 다음에 상대방에게서 떠오르는 느낌을 이야기하는 대신에 특정한 주제를 주어 함께 이야기를 나누게 하는 것도 좋은 방법입니다.
- 주제를 제시할 때는 가볍고 편안한 것에서부터 무겁고 깊은 이야기를 할 수 있는 것으로 옮겨갑니다. 내가 좋아하는 것에 대해서, 나를 좋아하는 사람에 관한 이야기, 초등학교 때 나는 어땠는가? 내가 억울했을 때는, 내가 화날 때는, 두 사람의 공통점 찾기 등으로 주제를 바꾸어 제시하는 것도 좋은 방법입니다.

주의할 점

- 처음에 익숙하지 않아 웃을 수도 있으나 두세 명을 만나면 편안해집니다.
- 인원이 너무 많을 경우에는 모두 만나지 못합니다.
- 구성원이 홀수인 경우 진행자가 함께합니다.
- 상대방에 따라 다르게 느껴지는 것을 알아차립니다.
- 이야기 시간이 점점 길어지는 경향이 있으나 최대 10분 정도가 적합합니다.
- 두 사람이 말을 시작할 때 처음에는 조용하다가 서서히 전체가 시끄러워집니다. 그리고 조금 시간이 지나면 목소리가 줄어듭니다. 소리가 줄어드는 순간에 다음으로 넘어가는 것이 좋습니다. 짝을 바꿀 때 서로 장점을 한두 가지 이야기하는 시간을 가지는 것도 좋습니다.

진행 tip

　　타인을 있는 그대로 만날 수 있는 좋은 방법 중의 하나가 눈을 바라보는 것입니다. 침묵 속에서 타인의 눈을 만날 때 우리는 깊고 강한 접촉을 할 수 있습니다. 일상생활에서 익숙하지 않은 방법이라 많은 사람들이 어색해하지만, 두세 명을 하고 나면 편안하고 깊은 만남을 가질 수 있습니다. 침묵의 눈 만남이 끝나고 나면, 쉽게 이야기할 수 있는 주제를 먼저 주거나, 엄마들이 많은 집단의 경우에는 내 아이가 이럴 때 예쁘다, 이럴 때 화가 난

> 다 등의 공통된 관심사에 대해 주제를 주는 것도 좋습니다. 가족 집단인 경우에는 구성원 상호간에 어떤 차이가 나는지 알 수 있는 이야기도 좋습니다.

　둘 : 나는 너 너는 나
　지금부터 두 사람이 짝이 되어 이야기를 나누겠습니다. 한 사람에게 주어진 시간은 5분 정도입니다. 제가 신호를 하면 한 명이 자신의 장점, 특성, 고민 등에 관한 이야기를 하고, 상대방은 듣기만 하시기 바랍니다. 한 사람이 끝나면 나머지 한 사람이 자신의 이야기를 5분가량 하는 것입니다. 이 때도 앞사람과 같은 방법으로 자신의 이야기를 하는 시간입니다.

　　타인에게 비춰진 나!
　자신의 이야기가 어떻게 전달되었는지를 확인함으로써 자기 표현의 특성을 점검해 보고, 다른 사람의 입장이 되어 소개를 함으로써 상대방에 대한 이해를 깊이 하게 됩니다. 그리고 자신이 이야기를 잘 듣고 있는지에 대해 돌아볼 수 있는 기회를 제공합니다.
　그리고 남의 눈에 비친 자신의 모습을 확인하는 과정에서 자기를 보다 객관적으로 바라볼 수 있는 여유를 가질 수 있습니다. 또한 전체 앞에 자신이 아닌 남이 되어 발표하는 기회를 통해 자신이 얼마나 자신의 눈높이로 남을 판단했는지 알아차릴 수 있습니다.

진행 방법

- 2명씩 짝을 이룹니다. 홀수일 경우에 진행자와 짝이 되거나 3명으로 구성합니다.
- 1인당 5분 정도의 시간이 사용될 수 있도록 일대일 대화 시간을 가집니다.
- 전체가 모인 자리에서 짝끼리 이름표를 바꾸어 달고 자신이 된 타인을 소개합니다.
- 전체적으로 소감과 마음을 나눕니다.

주의할 점

- 타인의 이름표를 달고 소개할 때는 나는…으로 일인칭으로 소개합니다. "나는 무엇 무엇을 잘합니다…" 이런 식으로 말하게 합니다.
- 혹시 질문이 있으면 답변하도록 합니다.
- 프로그램을 안내할 때는 바꾸어서 발표한다는 말을 하지 않습니다.
- 한 사람에게 5분 정도가 적당하다고 보는데, 분위기에 따라 10분까지는 괜찮은 것 같습니다.

진행 tip

이 프로그램은 자신이 얼마나 남의 이야기를 있는 그대로 듣고 있는지 알아 볼 수 있으며, '나' 라는 세계에 갇혀 있는지를 경험할 수 있게 합니다. 처음에 이야기 시간을 줄 때 바꿔서 이야기할 것이라는 말을 하면 안 됩니다. 이름표를 바꿔 달고 상대방이 되어 소개를 할 때 많은 사람들은 그 사람이 되지 못합니다. 그래서 인칭은 반드시 나는… 이라고 표현하도록 해야 합니다. 이 활동이 끝난 뒤 참가자들의 경험을 들어보면, 많은 경우에 타인이 되는 것이 어려우며, 평소 자신이 다른 사람의 이야기를 자신의 잣대로 듣고 있음을 경험하는 시간입니다.

셋 : 상상의 나라

조용히 눈을 감고 편안한 자세를 취해 주시기 바랍니다. 몸을 편안하게 이완하시기 바랍니다. 마음도 내려놓으시기 바랍니다. 생각도 잠시 쉬시기 바랍니다. 평화로운 잔디밭에 누워 있는 자신의 모습을 떠올리십시오. 자비… 자비… 자비… 몸과 마음이 편안해지고 부드러워집니다. 지금부터 상상의 나라로 가려고 합니다. 말을 자연스럽게 따라오시면 됩니다. 피하거나 분석하려고 하지 말고 편안하게 따라오시기 바랍니다.

다음 3가지 중 한 개를 천천히 읽어주면 됩니다. 특히 질문 다음에는 약간의 시간을 주어 충분한 상상이 되도록 합니다.

〈개별상상의 예〉
• 가구 나라로 가겠습니다. 어떤 가구들이 있는지 잘 살펴보시기 바랍니다. 이젠 우리의 몸이 서서히 가구로 바뀝니다. 발, 다

리가 바뀌고 허리, 몸통, 목, 머리가 모두 가구가 되었습니다. 지금 당신의 몸을 한 번 살펴보십시오. 어떻게 생겼습니까? 무엇으로 바뀌었습니까? 색깔, 모양, 위치 등을 확인하시기 바랍니다. 혹시 망가지거나 찌그러진 부분은 없나요? 상처는 없나요? 아직도 튼튼한지 잘 살펴보세요.

여러분은 자신의 몸에 대해 그리고 그 역할에 대해 만족하나요? 여러분 옆에는 다른 가구들이 놓여 있습니다. 그것들을 한 번 잘 살펴보세요. 옆 가구들과 대화를 나누어 보세요. 그 가구가 여러분에게 무어라고 말합니까? 당신은 무엇이라고 대답합니까?

주인이 들어왔습니다. 자신의 모습이 마음에 들지 않으면 바꾸어 준다고 합니다. 바꾸고 싶은 색깔이나 모양 등으로 바꿔보세요. 주인이 바꾸어 주나요? 바뀐 모습은 마음에 드나요? 바뀐 모습을 보고 다른 가구들은 뭐라고 하나요? 당신은 무엇이라고 대답하나요?

가구들과 신나게 놀다보니 집으로 가야 할 시간입니다. 친구들과 작별 인사를 하고 서서히 돌아오겠습니다. 손가락과 발을 움직입니다. 다리와 팔이 움직이고 몸이 움직이고 머리가 움직입니다. 자, 눈을 뜨십시오.

- 당신은 지금 조용한 숲 속에 있습니다. 주위를 한 번 둘러보세요. 숲 속에는 나무들이 많이 서 있습니다. 새 소리도 들립니다.

당신은 천천히 숲 속을 따라 갑니다. 잠시 후 사람이 살지 않는 것처럼 보이는 집 한 채를 발견하고 그 곳으로 들어갑니다.

그 집은 어떻게 생겼나요? 그 집에는 무엇이 있나요? 복도를 지나니 문이 열려 있는 방이 하나 있어 그 안으로 들어갑니다. 방안에는 어떤 것들이 있습니까? 방안을 둘러보니 아무도 없었는데 갑자기 문 쪽에서 사람 소리가 나서 돌아보니 한 노인이 서 있습니다. 그 노인이 당신에게 다가옵니다. 그리고 당신에게 다가와 귀에 대고 무슨 말을 속삭입니다. 당신은 무슨 말을 들었나요?

노인이랑 이야기를 나누다가 저녁 시간이 되어 집으로 돌아가야 합니다. 노인이 배웅을 하면서 인사를 합니다. 답 인사를 하고 집을 나와 숲 속을 걷습니다. 조금 걸으니 내가 머무르던 절이 보였습니다. 자, 이젠 눈을 뜨시기 바랍니다.

• 조용히 눈을 감고 과거로 여행을 떠나겠습니다. 지금 사찰에 조용히 앉아있습니다. 시간이 거꾸로 흘러 대학을 다닐 때입니다. 대학에 다니지 않으면 직장생활이나 다른 일을 하고 있을 겁니다. 그 때 어떤 모습으로 살았는지 떠올려 보시기 바랍니다.

다시 고등학교 시절로 돌아가겠습니다. 무엇을 하고 있나요? 주위에는 누가 있나요? 가족들은 어떤 모습들인가요?

다시 중학교로 돌아가겠습니다. 어떤 놀이를 하고 무슨 고민을 하고 있습니까? 선생님과는 어떻게 지내는가요? 그리고 나서 초등학교 운동장으로 가겠습니다. 운동장 한 가운데 나 혼자 서 있습니다. 기분이 어떤가요? 주위에는 어떤 것들이 있는지 살펴보시기 바랍니다. 운동장을 잘 살펴보면 여러 가지 물건이나 흙, 나무 등이 있습니다. 지금부터 그 중의 하나가 되도록 하겠습니다. 무엇이 되었나요? 자신을 잘 살펴보십시오. 어떤 모습을 띠고 있는지… 주위를 둘러보십시오. 누가 있는지, 그 친구들이랑 무슨 이야기를 하고 있는지 찾아보시기 바랍니다.

쉬는 시간 종이 치니까 아이들이 운동장으로 우르르 뛰어나옵니다. 아이들은 당신에게 어떻게 하나요? 그 때 당신 기분은 어떤가요? 당신은 아이들에게 무슨 말을 해주나요? 주위에 있는 친구들한테는 아이들이 어떻게 하나요? 다시 수업 종이 치자 아이들이 교실로 들어갑니다.

그 때 당신의 기분은 어떤가요? 친구들은 어떤지도 이야기를 나눠보시기 바랍니다. 운동장에서의 일상이 끝나고 다시 아이가 되겠습니다. 운동장 가운데 서 있습니다. 기분이 어떤가요? 다시 미래로 가겠습니다. 중학교… 고등학교… 대학교… 직장… 이젠 다시 사찰 수련원에 있습니다. 자신의 몸을 느껴보시기 바랍니다. 살아있음을 확인하시고 눈을 뜨시기 바랍니다.

감정·생각의 짐 내려놓기!

상상을 함으로써 정서를 순화하고, 평소에 짓눌려 있는 감정이나 생각의 무게에서 벗어납니다. 상상을 통해 평소에 많이 쓰던 인지 작업을 멈추게 하며 상상하는 과정에서 사물과 동일시하게 되어 마음이 자유로워지고 자신을 객관적으로 바라볼 수 있게 됩니다. 참가자들의 상상 내용을 통해 상대방을 이해할 수 있는 기회가 됩니다.

진행 방법
- 안내를 하고 상상 내용을 읽어주고 나서, 상상이 끝나면 눈을 뜹니다.
- 자신이 한 상상을 이야기 합니다.
- 상상에 대한 궁금한 것이 있으면 질문을 합니다.
- 모든 참가자들의 상상 내용 이야기가 끝난 뒤 생각과 느낌을 나눕니다.

주의할 점
- 상상이 끝난 뒤에 어떤 내용을 말해야 할지에 대해 진행자가 분명히 제시해 주어야 합니다. 길지는 않지만 조금은 자세한 이야기를 하는 것이 좋습니다.
- 편안하고 조용한 분위기에서 진행하는 것이 좋습니다.
- 생각보다는 상상 중에 자신에게서 느껴지는 감정을 주로 말하게 합니다.
- 상상한 내용을 직접 역할극으로 꾸며도 좋습니다. 참가자들을 모두 가구로 배치하여 상상을 그대로 실현시켜 보

면, 자신의 모습을 좀더 분명하게 지각할 수 있습니다.
- 상상이 잘 되지 않는 사람이 있습니다. 편안하게 어떤 생각과 모양을 그렸는지 이야기해 보게 합니다.

진행 tip

상상은 생각이나 이성으로 마음을 통제하려는 인지와는 반대 작용을 합니다. 그래서 상상의 나라를 통해 참가자들은 내면의 무의식적인 마음이나 현재 상황을 드러내게 됩니다.

상상 장면을 이야기하다 보면 참가자들이나 본인이 자신의 모습을 드러내는 것 같다는 말을 합니다. 가령, 상처가 많은 사람은 상상한 물건에 흠이 있거나 칠이 벗겨져 있고, 시댁 일이나 아이 때문에 힘든 사람은 옷이 주렁주렁 달린 옷걸이를 상상하는 경우가 있습니다.

많은 경우 상상을 통해 자신이 가진 무거운 짐을 내려놓고 가벼워지지만, 간혹 심하게 인지적인 사람은 상상조차 되지 않는 경우도 있습니다.

(3) 이것이 나입니다

자신이 살아온 삶과 현재 자신의 모습에 관한 이야기를 나누는 시간입니다. 두 사람이 짝을 지어서 이야기를 나누는데, 한 명이 자신의 이야기를 2~30분 정도 하고 나면, 나머지 한 명이 자신의 이야기를 30분가량 하는 겁니다. 이때 듣는 사람은 질문이나 어떤 공감이나 반대 의견을 내서는 안 됩니다. 그냥 이야기를 들으면서 고개를 끄덕이거나 "음, 그랬군요." 등으로 간단한 호응만 합니다. 방에 앉아서 하셔도 좋고, 밖으로 나가서 산책을 하면서 해도 좋습니다. 이야기 내용은 자신이 살아온 삶에서 어려웠거나 즐거웠던 일, 지금 자신의 생활 속에서 일어나는 일 등 하고 싶은 이야기를 하시기 바랍니다. 1시간 뒤에 뵙겠습니다.

받아들임, 자비심의 주춧돌

듣는 사람이 반대하거나 조언하지 않기 때문에 온전히 자신의 이야기를 할 시간을 가짐으로써 편안하게 자신의 삶을 새롭게 만날 수 있습니다. 그리고 한 사람의 인생을 가만히 듣고 받아들이게 되면서 다른 사람을 이해하는 마음이 커지고, 고통을 함께 나누는 자비심이 길러집니다.

진행 방법

- 한 명씩 번갈아 가면서 이야기하는 시간이 끝나면 모두 다시 모입니다.
- 모여서 자신이 이야기를 할 때 어떤 느낌이나 생각이 들었는지, 그리고 이야기를 들을 때는 어떤 마음이었는지 나누는 시간을 갖습니다.
- 칭찬이나 위로, 격려가 필요한 구성원들에게는 지지를 보냅니다.

- 나누는 시간이 끝나면 자기 자신과 짝이었던 상대방에게 자비명상을 보내는 시간을 가진다.

주의할 점
- 들으면서 궁금한 점을 질문하거나 충고하지 않게 합니다.
- 자신의 이야기를 할 때는 자신의 마음이나 느낌을 이야기 하지 다른 사람이나 사실 위주로 말하지 않습니다.

진행 tip

모든 사람은 자신의 이야기를 하고 싶어 하고, 자신의 입장을 지지 받고 싶어하는 기본적인 욕구가 있습니다. 이것이 어떤 면에서는 아상을 키우는 부정적인 측면으로 연결되기도 하겠지만, 자신의 존재를 온전히 받아들여지는 기회를 줍니다. 이 프로그램은 이러한 경험을 하는 시간입니다. 누군가 내 삶에 대해서 들어주기만 할 뿐 비판이나 칭찬을 하지 않음으로써 자신의 삶을 마음대로 드러낼 수 있고 수용 받는 느낌을 받으며, 나아가 스스로 삶을 돌아보는 시간을 가지게 됩니다.

(4) 우리 가족 이야기 - 가족 밥상 그리기

지금부터 가족 밥상을 그리도록 하겠습니다. 먼저 종이 위에 밥상을 하나 그리십시오. 원탁이나 사각, 삼각 어떤 모양이든 상관이 없습니다. 그 다음에 그 밥상 위에 반찬과 밥, 국을 올려

놓겠습니다. 지금부터 밥과 반찬은 자신의 가족들이 됩니다. 밥상 위에 자신의 가족을 그려 넣으십시오. 정해진 형식은 없습니다. 자신이 자유스럽게 가족들이 있는 밥상을 차려보시기 바랍니다. 밥과 반찬, 국이 가족 구성원이 되는 것입니다.

그리고 난 다음에는 그 사람을 표현하는 말을 3가지 정도 써 보시기 바랍니다. '따뜻한, 착한…' 이런 식으로 말입니다. 완성하시기 바랍니다.

가족이란 이름으로

원 가족(자신의 원래 가족, 결혼하기 전 가족)과의 관계를 살펴봄으로써 가족을 새롭게 바라볼 수 있고, 가족 사이에서 자신이 어떤 모습과 위치였고 어떤 역할을 했는지 알 수 있게 됩니다. 또 잘 몰랐거나 알았지만 드러나지 않았던 가족 갈등이 표출됨으로써 아픔이나 상처에서 자유로워질 수 있습니다. 다른 참가자 가족들의 이야기를 들으면서 아픔이 자신만의 것이 아님을 알고 위로를 받습니다. 지금 현재 자신이 다른 사람들과 겪고 있는 갈등의 원인을 발견하기도 합니다.

진행 방법

- 종이 한 장에 가족 구성원 모두가 둘러 앉아있는 밥상을 그립니다.
- 이전의 모습을 떠올리게 하여 밥상에 모든 가족이 앉아있

다고 상상하게 하여 밥과 반찬에 가족을 그리게 합니다.
- 모두 그린 뒤 그림을 보고 가족 이야기를 합니다.
- 모든 가족 이야기가 끝난 뒤 소감을 나눕니다.
- 소감을 나눈 후에 가족에 대한 자비명상을 합니다.

주의할 점
- 정해진 형식이나 그림 솜씨가 중요한 것이 아니라는 것을 말해 줍니다.
- 그림을 그리면서 생각을 하도록 시간을 충분히 줍니다.
- 가족과 관련된 자신의 이야기를 많이 하게 합니다.
- 질문을 할 때는 그림의 위치에 대해 이야기하는 것이 좋습니다.

> **진행 tip**
>
> 한국사회에서 가족, 특히 원가족(태어나서 부모님과 함께 했던 가족)은 개인에게 큰 영향을 끼칩니다. 원가족 밥상을 그려보게 함으로써 그 사람이 가족 내에서 느꼈던 감정이나 아픔, 가족 간의 관계 등을 알 수 있습니다. 가족 이야기를 하는 과정에서 자신의 억눌린 감정을 풀 수도 있으며, 현재 가족과의 공통점을 발견하기도 합니다.
>
> 이 프로그램을 진행할 때는 윤리적인 관점에서 참가자들의 이야기를 들으면 안 됩니다. '자식은 부모님께 효도해야 한다.

> 부모는 자식을 돌봐야 된다' 등의 윤리적인 잣대보다는 이야기
> 하는 개인이 그 상황에서 느꼈을 억울함, 분노 등 감정에 대해
> 받아들여 주는 것이 좋습니다.

(5) 구름이 흩어지고 모이듯이 - 유서 쓰기

우리는 모두 죽음을 향해 가고 있습니다. 언제 죽음이 다가 올지 모릅니다. 여러분에게 죽음은 어떤 의미나 느낌으로 다가오나요? 두려움이나 슬픔으로 다가오기도 하고, 자연스러운 과정으로 담담하게 다가오는 사람도 있을 것입니다. 지금부터는 우리가 죽음을 준비하는 한 사람으로서 유서를 써보도록 하겠습니다. 누구에게 무슨 말을 남길지는 여러분들이 선택하는 것입니다. 솔직하고 편안하게 유서를 써보시기 바랍니다. 유서에는 하고 싶은 말이 남아있으면 안 되겠지요. 이번말고는 더 이상 기회가 없습니다

* 유서를 태우고 난 뒤의 안내

지금부터 여러분은 죽음을 맞이합니다. 편안하게 눈을 감고 누워서 자신의 몸이 서서히 죽어감을 느끼십시오. 발부터 다리, 허벅지, 허리, 등, 몸통 서서히 죽어가고 팔과 목, 의식마저 사라집니다.

잠깐의 시간이 지난 뒤

당신은 다시 태어날 준비를 합니다. 다음 생이 준비되고 있

는 시간입니다. 당신이 태어날 이 생에서는 무엇을 하고 싶으신가요? 꼭 이루고 싶은 것 3가지를 정하십시오. 정말로 이것만은 반드시 이루고 싶다는 것을 찾으십시오. 모두 정해졌으면 조용히 눈을 뜨시면 됩니다.

삶이 내게 주는 보너스

자신이 죽는다는 가정 하에 유서를 써 봄으로써 자신이 살아온 삶과 살아갈 삶에 대해 생각을 해 보는 기회가 됩니다. 현실에서 받는 고통이나 아픔이 조금은 가벼워질 수 있으며, 어떻게 살아갈 것인가에 대한 방향을 잡을 수 있는 기회가 됩니다.

자신이 살아있음에 대해 감사하는 마음을 가지고, 주위에 함께 하는 사람들에 대해서도 새롭게 바라보는 기회가 될 수 있습니다. 잘 살아가는 삶에 대해 고민하고 다짐할 기회가 됩니다.

진행 방법

- 조용히 음악을 들으면서 자신의 삶을 돌아볼 시간을 간단히 갖습니다.
- 마음이 가라앉고 분위기가 됐으면 누군가에게 남길 유서를 조용히 적게 합니다.
- 다 적고 난 뒤에는 참가자들 앞에서 유서를 읽습니다. 읽고 난 뒤에는 태웁니다.
- 태우고 난 뒤 모두 눈을 감고 누워서 진짜 시체가 됩니다.

* 죽은 뒤 다음 생으로 이어지는 안내를 합니다.
- 모두 눈을 뜨셨으면 자리에서 일어나십시오. 꼭 이루고 싶은 3가지를 세 사람에게 말하는 시간을 갖도록 하겠습니다. 3가지를 한 명에게 이야기하고 다시 다음 사람에게 가서 이야기하면 됩니다. 세 명 모두가 끝나면 모여 앉으면 됩니다.
- 듣는 사람은 세 가지를 다 듣고 나서 "꼭 그렇게 될 겁니다."라는 말만 두세 번 정도 하면 됩니다.
- 전체 프로그램이 끝나면 소감을 나눕니다.
- 소감을 나눈 뒤 자신에게 자비 명상을 합니다.

주의할 점
- 편안한 분위기에서 자연스럽게 유서를 쓸 수 있도록 사전 준비가 철저해야 합니다.
- 유서가 자신에게 주는 의미를 잘 새기는 기회를 줍니다.
- 죽음을 비관적으로 받아들이는 사람은 어떤 경험이 있는지 이야기를 하게 합니다.
- 다음 생으로 이어지는 안내로 분위기를 만들어 줍니다.
- 다음 생에서 3가지 중요한 것에 대해 이야기를 듣는 사람은 "꼭 그렇게 될 겁니다."라는 말 이외에는 하지 말아야 합니다.

> **진행 tip**
>
> 　살아가는 것이 힘들어서 괴로운 이유 중의 하나는 죽음이 아주 멀리 있다고 생각하기 때문입니다. 죽음이 우리 근처에 언제나 올 수 있는 것이라고 생각한다면 시간을 다른 방법으로 쓸 수 있을 것입니다. 그래서 죽음을 예상하고 유서를 써보는 것입니다. 현재 자신이 붙잡고 있는 것이 무엇이고, 그것이 어떤 의미를 가지는 지를 성찰하게 됩니다. 그 과정에서 현재의 고통을 좀 더 편안하게 바라볼 수 있게 됩니다.
>
> 　유서를 쓰고 난 뒤, 다음 생에서 하고 싶은 3가지를 적게 하여, 그것을 확인 받음으로써 삶에 대한 희망이나 의지를 가지도록 해야 합니다. 간혹 죽음을 허무로 받아들일 수 있기 때문입니다.

2) 자비명상 프로그램

　열린 마음을 바탕으로 나를 긍정하는 명상을 합니다. 자신의 부정적인 마음을 극복하는 차원에서 자신의 장점을 찾고 있는 그대로 자신을 인정하고 수용할 수 있는 자비로운 마음으로 연결되게 합니다. 다음으로 가족을 긍정하고, 타인을 존중하는 절 명상으로 이어집니다. 혼탁한 부정의 에너지가 아닌 긍정의 에너지이기 때문에 맑고 활기찬 마음이 됩니다. 이러한 마음이 고요한 자신의 힘으로 전환될 수 있도록 끝날 때마다 10분 정도 침묵하면서 자비명상을 합니다.

(1) 쌀 감사 명상 - 쌀이 우리에게 오기까지

앞에 쌀이 놓여 있습니다. 각자 한 톨씩 가지시기 바랍니다. 그 쌀을 잘 살펴보십시오. 지금 우리 손에 있는 쌀은 엄청나게 많은 과정을 거쳐서 우리에게 왔습니다. 그것을 모둠원들이 함께 찾아보시기 바랍니다. 자연, 사람, 물건 등 쌀에 영향을 끼친 모든 것을 찾아서 한 명이 적으십시오.

- 모두 적고 난 뒤에는 쌀을 입에 넣고 뒤로 누우십시오. 조그만 쌀도 그렇게 많은 영향을 받는데 여러분은 어떻습니까? 지금까지 살아오면서 여러분에게 긍정적이든 부정적이든 영향을 끼친 사람들을 떠올려보십시오. 눈을 감고 천천히 생각해 보시기 바랍니다.
- 생각이 끝나면 짝을 지어서 서로 이야기하는 시간을 갖거나, 혼자 산책할 시간을 줍니다.

한 톨의 쌀에 깃든 은혜

쌀이 우리 손에 오기까지 수많은 사람들의 도움과 자연, 물건이 필요함을 알게 됩니다. 그리고 한 톨의 쌀에도 엄청난 감사의 손길이 있는데 하물며 사람, 자신에게는 어떻겠습니까?

진행 방법

- 6~7명씩 모여 모둠을 만듭니다(인원에 맞춰 적절하게).
- 먼저 쌀 한 톨씩을 가지고 각자 생각할 시간을 가진 뒤 함께 의논합니다.
- 의논하면서 모둠별로 특색에 맞게 영향을 끼친 요소들을 적어나갑니다.
- 모두 적은 뒤에는 쌀을 입에 넣고 뒤로 누웁니다. 그리고 나서 쌀 한 톨을 떠나 자신이 지금 이 자리에 있기까지 영향을 준 사람들에 대해 생각합니다.

주의할 점

- 일정한 양식은 없고, 모둠별로 하게 합니다.
- 끝나고 자신에게 영향을 끼친 사람들에 대해 생각할 수 있는 시간을 충분히 가집니다.

(2) 나 긍정명상

당신은 자신의 장점에 대해서 얼마나 많이 찾을 수 있습니까? 평소에 스스로 자신을 얼마나 인정하고 격려하면서 살고 있을까요? 자기 자신에 대한 사랑과 자비가 바탕이 된다고 부처님은 자주 말씀하셨습니다. 자신에 대한 사랑이 바탕이 되지 않으면 타인이나 환경을 잘못 지각할 확률이 높아집니다.

지금부터 자신의 장점을 찾아보도록 하겠습니다. 장점이 잘 찾아지지 않는 사람은 평소에 자신을 지지하지 않고 있다는 증거입니다. 천천히 찾아보도록 하겠습니다. 처음이니까 50가지 정도만 찾도록 하겠습니다.

나도 꽤 괜찮은 사람이네!

자신의 장점을 찾음으로써 자신을 긍정하는 힘을 기르고, 자비심을 갖게 됩니다. 장점을 꼭 특별한 것에서 찾을 것이 아니라 일상생활을 하는 것 자체가 장점임을 알게 합니다. 글을 쓰고 말하는 것, 잘 먹고 잘 사는 것이 모두 내가 가진 장점임을 발견하게 합니다. 다른사람의 장점을 들으면서 함께한다는 마음과 함께 '나도 저 장점 있네!' 라고 새롭게 발견하며 자신과 타인을 긍정적으로 볼 수 있는 기회가 됩니다.

진행 방법

- 자신의 장점 50가지를 먼저 종이에 적습니다.
- 적고 난 뒤 참가자들에게 자랑을 합니다. 듣는 사람들은 환호해 주고 박수를 쳐 줍니다.
- 다른 참가자들이 장점을 말할 때도 잘 듣고 호응을 해줍니다.
- 모든 사람들의 긍정 명상이 끝나고 난 뒤에는 소감을 나눕니다.
- 자기 자신에게 자비명상을 보냅니다.

주의할 점

- 특별한 것만 찾으려고 애쓰지 않도록 합니다. 일상생활에서 쉽고 가볍게 찾도록 도와줍니다.
  예를 들어 "나는 편식하지 않고 잘 먹는다. 잘 잔다. 손으로 글을 쓸 수 있다" 등등.
- 듣는 사람들이 열렬하게 호응을 해주는 것이 좋습니다.

진행 tip

모든 사랑의 바탕은 자신에 대한 사랑입니다. 부처님께서 말씀하신 자비명상도 자신에 대한 사랑과 자비로 시작합니다. 그리고 타인에게서 받는 인정과 지지도 우리의 존재감을 향상시키지만, 스스로 자신을 인정하는 것 또한 아주 중요합니다. 그러나 많은 경우 우리들은 비교함으로써 자신의 존재를 받아들이기 때문에 자신을 있는 그대로, 소중한 존재로 파악하기가 어렵습니다. 그래서 이러한 활동이 필요합니다.

부처님은 칭찬과 비난 둘 다에 흔들리지 말라고 하셨습니다. 그러려면 먼저 자신에 대한 건강한 존재감을 가지고 있어야 합니다. 그래서 자신을 긍정하는 명상을 하는 것입니다. 자신을 온전히 그대로 수용하고 인정한 후에는 칭찬이나 비난에 흔들리지 않게 됩니다.

(3) 가족 긍정명상

앞에서 가족에 관한 이야기를 하였습니다. 가장 가까이 있는 가족들에게 위로 받고 격려 받고 활력을 받기도 하지만, 상처를 받아서 아파하는 모습을 보니 마음이 아팠습니다. 아픔을 조금은 드러내어서 마음이 가벼워졌기를 바랍니다.

지금부터는 가족을 좀 다른 시각으로 보겠습니다. 자신에 대한 긍정적인 점을 찾을 때처럼 가족의 장점을 찾아보도록 하겠습니다. 가족 전체로 장점을 찾아서 개인으로 넘어가는 방법과 가족 각자의 장점을 찾다가 자연스럽게 가족 전체로 옮겨가는 방법이 있습니다. 원하시는 방법대로 하시기 바랍니다.

가족! 자리 찾기

가족의 장점을 찾음으로써 가족 속에서의 내 모습을 새롭고 건강하게 만날 수 있고, 어려움이 있을 때 가족이 많은 도움이 되었음을 확인할 수 있습니다. 그리고 가족 각자에 대한 장점을 찾을 때는 자신과의 관계를 새롭게 정립할 기회도 됩니다. 가까이 있기 때문에 평소에는 불만일 수 있는 상황들이 실제로는 큰 힘이 되었음을 알게 되는 기회가 됩니다.

진행 방법

- 가족의 장점을 떠올리는 시간을 잠깐 갖습니다.
- 가족의 장점과 가족 각자의 장점을 찾아서 적는데, 20개

정도가 적당합니다.
- 가족의 장점을 말하게 하고 듣는 사람은 호응해 줍니다.
- 가족에 대한 긍정 명상이 끝나고 난 뒤에는 소감을 나눕니다.
- 자기 자신과 가족에게 자비명상을 보냅니다.

주의할 점
- 가족 각자의 특징과 관계에 관한 것을 동시에 적게 합니다. 예를 들어 "동생은 차분하고 진지합니다. 저의 고민상대가 되어 줍니다" 등등.
- 말하는 사람은 가족의 고마움에 대해 생각해 보는 시간을, 듣는 사람은 함께 기뻐해 주는 시간이 되도록 합니다.

진행 tip

　　한국에서 사람들은 가족에 대해 많은 기대를 가지고 의미를 부여합니다. 그러나 대부분의 가족은 행복이나 서로의 성장, 사랑을 나누는 화목한 형태로 존재하지 않습니다. 이처럼 기대와 현실의 차이로 인해 많은 사람들은 가족 내에서 상처를 받게 됩니다.
　　현실적으로 가족은 구조상 화목하고 건강하기가 어렵습니다. 부부 각자가 정신적으로 건강하지 못한 경우가 대부분이며, 그것은 고스란히 자녀들에게 이어집니다. 그리고 부부의 부모 세대 역시 자식을 독립시키지 못한 한계를 가지고 있습니다.

　이 프로그램은 가족을 좀더 객관적으로 바라볼 수 있는 시간이 될 것입니다. 자신의 입장에서 가족을 바라보던 시각에서 벗어나 가족 개인을 한 인격체로 바라보는 것이 중요합니다. 나와는 어떤 점에서 맞지 않고 상처를 주었을지라도 다른 사람의 입장에서 객관적으로 바라보았을 때 많은 장점을 가지고 있습니다. 나아가 장점을 적는 과정에서 가족을 새롭게 만날 수 있게 될 것입니다.

(4) 마무리하는 명상

　수련회를 마감하는 마무리 프로그램은 큰 감동이 있거나 편안한 휴식, 아니면 일상생활에서 힘을 받을 수 있는 활동이 적합합니다. 이 장에 소개된 것은 자비와 존중의 마음을 동시에 보낼 수 있는 '절 자비명상' 과 참가자 모두에게 자비를 보내는 '함께 하는 자비명상' 그리고 구성원 모두에게 칭찬할 기회를 제공하는 '칭찬으로 하는 자비명상'을 소개합니다.

　하나 : 천상천하 유아독존(타인을 존중하는 절 명상)

　지금부터 앞에 나오는 사람들에게 3배를 올리도록 하겠습니다. 앞에 앉아 있는 저 사람이 고통과 아픔, 성냄에서 벗어나 편안하고 행복하기를 바라는 자비의 마음을 가득 담아 절을 하겠습니다. 앞에 앉아 있는 사람은 절을 받고 난 뒤에 소감을 말씀하시면 됩니다. 차례대로 절을 받도록 하겠습니다. 온전히 절을 받으면서 다른 사람들이 자신한테 보내는 자비와 사랑의 마음을 받아 보시기 바랍니다.

우리는 소중한 사람

수련회에 같이 참석한 구성원들에게 존중과 자비의 마음을 담아 삼배를 올립니다. 그럼으로써 자신이 소중하고 존중받을 가치가 있음을 느끼고, 일상으로 돌아가 생활하는 데 힘이 될 것입니다. 타인의 행복을 기원하는 절을 함으로써 자신이 가진 자비의 마음이 확대됨을 경험합니다.

진행 방법

- 인원에 따라 두세 명이나 한 명씩 준비해 놓은 방석에 앉습니다. 죽비에 맞추어 앞에 앉은 사람에게 뒤에 있는 사람이 모두 동시에 3배를 합니다. 끝나고 난 뒤 절을 받은 사람이 소감을 말합니다.
- 그 다음 사람이 다시 올라가고 이렇게 모든 참가자들이 절을 받게 합니다.
- 각자 자리에 앉아서 자신과 가족, 참가자에게 자비명상을 합니다.

주의할 점
- 참가 인원이 적으면 한 명씩, 그렇지 않고 너무 많을 경우에는 두세 명이 한꺼번에 절을 받아도 됩니다.
- 자비를 보내고 받는 마음과 존중하고 존중받는 느낌을 온전히 느끼도록 합니다.

진행 tip

자신을 온전히 수용하고 존중하지 않으면 다른 사람을 있는 그대로 받아들이기가 쉽지 않습니다. 그러나 프로그램을 함께 하면서 고통과 아픔을 나누는 과정에서 자신뿐만 아니라 남에 대한 이해심도 커지게 됩니다. 그 때 타인을 향한 자비심이 일어나게 됩니다. 그래서 함께했던 사람들이 행복하고 편안하기를 바라는 마음을 담아 절을 할 수 있게 됩니다. 그리고 다른 사람의 존중을 온전하게 받아들이는 과정에서 자신에 대한 자비로운 마음도 일어납니다.

둘: 함께하는 명상

모든 구성원이 손을 잡고 둘러앉습니다. 모두 조용히 눈을 감고 마음속에 자비를 가득 채우겠습니다. 제일 먼저 자신에게 자비의 마음을 보내겠습니다. 내가 고통에서 벗어나기를… 내가 욕심과 성냄, 어리석음에서 벗어나기를… 내가 편안하기를… 행복하기를… 다음으로 지금 우리와 함께 있는 ○○에게 자비의 마음을 보내겠습니다. 마음속으로 자비의 마음을 보내겠습니다. 진행자가 한 명씩 이름을 부르고 나면 그 사람에게 자비의 문구를 마음으로 암송하는 것입니다. 이렇게 모든 구성원에게 자비의 마음을 보냅니다.

기쁨과 슬픔을 나누다

수련회 동안에 이야기를 나누면서 아파하고 슬퍼하고 같이 기뻐한 참가자들에게 자비의 마음을 보냅니다. 그럼으로써 다른 사람에게 자비를 보내는 감정을 느끼게 됩니다. 또 자비의 마음으로 존중받는 느낌을 받게 되고 그 마음은 일상으로 연결됩니다. 평소에 따뜻함과 사랑을 받아보지 못한 사람들에게 많은 힘과 활력이 됩니다.

진행 방법

- 먼저 자기 자신에게 자비를 보냅니다. 그런 다음 구성원 각자에게 자비를 보냅니다. 진행자가 한 명씩 이름을 불러주면 이전에 경험한 자비 문구를 그 사람에게 함께 동시에 보냅니다.
- 진행자를 포함하여 모든 참가자들에게 자비의 마음을 보내고 나면 마칩니다.
- 명상이 끝나면 함께 소감을 나눕니다.

주의할 점

- 편안한 분위기가 되도록 합니다.
- 모든 사람에게 할 수 있을 정도로 충분한 시간을 줍니다.
- 진행자는 구성원의 이름을 되도록 기억해야 합니다.

진행 tip

행복은 멀리 있는 것이 아니라 지금 이 순간 느끼는 것입니다. 함께 있는 사람들의 편안함을 염원하는 자비명상을 보냄으로써 사랑이 충만함을 느낄 수 있고, 여러 구성원들의 자비의 마음을 받음으로써 행복함을 경험합니다. 이 순간이 천당인 것이지요. 가끔은 여러 사람의 사랑을 받아들이지 못해 일어서는 사람도 있습니다. 사랑을 받은 적이 거의 없는 참 안쓰러운 사람일 확률이 높습니다.

셋 : 칭찬으로 하는 명상

지금부터 칭찬으로 하는 자비명상을 하겠습니다. 한 명은 중앙에 놓인 방석으로 가서 가만히 앉아 있습니다. 그리고 참가자들은 수련 중에 앉아 있는 사람의 장점이라고 생각되는 것을 말해 줍니다. 당부의 말이나 지적보다는 장점을 중심으로 말해 주기 바랍니다. 거짓말로 지어내라는 것이 아니라 보이는 그대로 말해 주면 됩니다. 칭찬을 받는 사람은 가만히 앉아서 다른 사람들의 말을 들어보기 바랍니다. 끝나면 소감을 말할 시간을 주겠습니다.

긍정의 힘

다른 사람들이 칭찬하는 말을 들음으로써 자기 자신에 대한 존중감을 기를 수 있고 일상생활로 돌아갔을 때 긍정적인 힘으로 생활할 수 있게 합니다. 그리고 수련회를 함께한 사람들의 좋은 점을 칭찬함으로써 기분이 좋아지고, 타인을 긍정적으로 보는 눈을 기르게 됩니다.

진행 방법

- 둥글게 둘러앉은 후 지원자 한 사람을 가운데 앉힙니다. 이 때 먼저 하고 싶은 사람을 하게 하되 강제로 하지 않습니다.
- 가운데 앉은 한 사람에게 모든 참가자들이 돌아가면서 칭찬을 합니다.
- 칭찬을 들은 후 그 느낌을 나눕니다. 이때 누구에게 들은 칭찬 내용이 가장 인상적인지, 마음에 들거나 좋다고 표현을 해 줌으로써 그 사람이 듣고 싶어하는 칭찬이 어떤 것인지를 알 수 있습니다.
- 칭찬으로 하는 자비명상이 끝난 후 칭찬을 들으면서, 어떤 느낌과 생각이 들었는지 느낌을 나눕니다.

주의할 점

- 칭찬은 칭찬으로 받습니다. 그것을 거절하거나 하는 도중

에 부인하지 않습니다. 그 사람 눈에는 그렇게 보인다는 것입니다.
- 애매하게 칭찬인지 아닌지 헷갈리게 칭찬하지 않습니다.
- 자신과 비교하여 칭찬하지 않습니다. 그 사람에게만 집중하여 칭찬합니다.

진행 tip

누군가에게 칭찬과 인정을 받는 것은 쑥스럽기도 하지만 기분 좋은 일입니다. 부처님께서는 칭찬과 비난 모두에 흔들리지 말라고 하셨지만 세상을 살아가는 우리에게는 비난보다는 칭찬이 훨씬 좋습니다. 칭찬을 받을 때 "네가 사람을 몰라서 그렇지. 좀더 알아봐라. 아니야, 난 그런 면 없어!" 등으로 상대방의 말을 거부하지 마십시오. 상대방의 눈에는 그렇게 보이고, 그런 점이 좋다는 것입니다. 그것을 거부하게 되면, 상대방에게도 무안함을 되돌려주고 자신의 기분도 썩 좋지는 않습니다. 편안하게 남이 하는 칭찬을 있는 그대로 받아들이는 것도 건강한 사람의 한 특성입니다.

(5) 자비명상 프로그램에서 알아차림을 높일 수 있는 질문들

① 느낌(감정) 알아차리기
지금 기분은 어떠십니까?

지금 무엇을 하고 싶으십니까?
방금 무슨 생각을 하셨습니까?

우리는 과거에 대한 생각이나 일어나지 않은 미래의 계획에 빠져 많은 시간을 보냅니다. 상담 프로그램 중에 침묵의 시간이 나타날 때 물어볼 수 있는 질문들입니다. 지금 여기에서 자신에게 일어나는 느낌(욕구)을 표현함으로써 순간순간 자신에게 일어나는 느낌과 욕구를 알아차릴 수 있는 힘이 생깁니다. 처음에는 알아차리기도 어렵고 표현하기도 힘들지만, 조금씩 알아차림의 능력이 키워지고 표현하는 데 있어서도 편안해집니다.

② 말 알아차리기
우리가 사용하는 말 중에는 주체가 분명하지 않은 경우가 많습니다.
'그것', '우리' 같은 말은 '나'라는 말로 바꾸어야 하는 말이고 명사 대신에 동사를 사용하도록 함으로써 자신의 행동에 대한 선택과 책임을 명확하게 해 줍니다. '하지만' '그러나'라는 말을 사용하는 경우에는 주로 자신의 책임을 전가하려는 경향이 있으므로 '그리고'로 바꾸어 말하게 합니다.
그리고 자신의 마음을 직접 표현하는 대신에 다른 사람에게 질문을 하는 경우가 많은데, 그 때에도 질문을 솔직하고 간단하게 자기가 하고 싶은 말로 바꾸어 말하도록 요구합니다. 또한 추상적이고 개념적인 용어를 되도록 피하고 자신이 체험하고 있는 실제 자신의 모습과 감정을 표현하도록 합니다. 이러한 방법으로 대화를 하게 되면 상대방과 건강하고 활발하게 만날 수 있습니다.

③ 몸 알아차리기

자신의 상태를 표현할 때 말은 의식적으로 조절할 수 있으나 몸은 자신의 모습이 그대로 드러납니다. 어떤 사람이 기분이 좋다고 하면서 얼굴이 굳고 침울해 진다면 마음은 다를 수 있습니다. 이런 경우에는 즐겁다는 말을 하면서 "지금 얼굴 표정은 침울해 보이는군요"라는 말을 하여 자신의 얼굴 표정을 알아차리게 합니다. 또 말을 할 때 눈에 떨림이 보이면, 지금 눈에 떨림이 있는데 알아차려지십니까? 등으로 자신의 신체를 자각하도록 질문을 하거나 표현하는 것이 좋습니다. 질문을 할 때는 추궁하지 말고 자각을 유도하는 내용으로 합니다.

3) 일정표 – 부록 2 참조

명상의 창 _ 부부 자비명상

당신이 부처입니다.

내 배우자의 장점을 하나 발견하면 행복지수가 1이 되고

내 배우자의 장점을 100개를 발견하면 행복지수가 100이 됩니다.

그러나 내 배우자의 단점을 하나 발견하면 불행지수가 1이 되고

내 배우자의 단점을 100개 발견하면 불행지수가 100이 됩니다.

3 부부
자비명상 프로그램

1) 행복한 부부, 화목한 가정

우리나라 이혼율이 높아지는 경향 때문에 이혼을 하려는 부부들에게 상담을 의무적으로 받게 한다고 합니다. 그것은 이혼 뒤에 일어나는 가정문제를 생각해 볼 때 바람직한 일이라고 생각됩니다. 다른 사람들과 관계를 맺는 과정에서 의사소통의 어려움은 자주 나타나는 일이고 시간이 지나면서 쉽게 해결되기도 하지만 그렇지 않을 경우에는 관계를 그만두면 됩니다. 그러나 부부 사이에 일어나는 마찰은, 해결되지 않으면 아이들에게까지 영향을 끼치고 잘못될 경우에는 이혼을 선택하게 됩니다.

어떻게 하면 부부 갈등을 해결하고 관계개선을 할 수 있을까? 먼저 각자가 어떤 생각과 느낌으로 살아가는지 알아볼 필요가 있습니다. 배우자의 세계를 자신의 잣대가 아닌 있는 그대로의 모습으로 이해하고 수용하게 되면 의사소통의 길이 열려서 갈등을 해결할 수 있게 됩니다.

따라서 자신의 이야기를 하고 상대방의 입장을 들을 수 있는 상담 프로그램과 자신과 배우자의 긍정적인 점을 찾고 존중과 자비의 마음을 보내는 자비명상이야말로 부부가 서로를 수용하고 이해하는 데 도움이 될 것입니다. 그리고 사찰의식에서의 침묵과 고요함은 자신을 새롭게 돌아보는 기회 또한 될 것입니다.

자비명상 프로그램을 통해 부부가 자신의 마음을 표현하여 서로를 이해하고, 상대의 장점을 칭찬하고 인정함으로써 의사소통의 길이 열려서 편안하고 화목한 가정을 이루는 바탕을 마련할 것이라고 봅니다.

2) 전체 일정과 구성

처음에 다른 사람들과 마음을 터놓는 시간을 가지고 난 다음에는 주로 부부 중심 활동을 합니다. 첫째 날에는 자기 소개와 친분 쌓기 활동을 하고 난 뒤에 부부가 짝이 되어 자신의 성장과정에 대해서 이야기를 하는 '여보! 이것이 나입니다' 시간을 가집니다.

그리고 둘째 날에는 배우자에 대한 불만과 억눌린 감정을 표현하는 시간을 가진 뒤, 배우자에게 원하는 것을 건강하고 솔직하게 표현하는 연습을 합니다. 그리고 오후에는 자기 긍정 명상과 배우자 긍정 명상을 참가자들이 모두 모여 나누는 시간을 가지고, 저녁에는 유서쓰기를 통해 배우자의 고마움에 대해 생각하는 시간을 가집니다.

마지막 날에는 배우자를 존중하는 절 명상을 하는데, 각자의 배우자에게 108배를 하는 시간을 가진 뒤 회향을 합니다.

3) 진행상의 유의점

자비 명상 수련회이지만 부부 중심이기 때문에 부부가 이야기를 할 수 있는 기회를 많이 주어야 합니다. 그러나 서로 상대의 이야기를 듣는 것이 익숙하지 않을 수도 있기 때문에 프로그램을 통해 듣는 수련을 많이 해야 됩니다. 특히 상대 배우자에 대한 불만을 이야기할 때는 한 쪽이 이야기하고 다른 쪽은 가만히 듣고 나서 이야기를 하는 시간을 충분히 가져야 합니다.

4) 자비명상 프로그램

(1) 상담 프로그램

부부 각자가 자신이 살아온 삶에 대한 이야기를 하고, 그것을 아무런 반응 없이 듣는 활동을 하고 난 뒤, 서로가 배우자에게 있는 불만을 이야기할 시간을 가집니다. 그리고 자신이 원하는 배우자의 모습을 솔직하고 부드럽게 표현하고, 유서 쓰기를 통해 자신의 삶에 함께 하는 배우자의 모습을 생각해 보는 기회를 제공하는 프로그램으로 구성합니다. 솔직한 표현도 중요한 부분이지만 더 중요한 것은 상대방의 말을 듣는 것임을 강조합니다.

① 여보! 이것이 나입니다.
자비 명상 프로그램의 '이것이 나입니다'와 같은 내용으로 진행하지만, 상대방이 배우자가 되는 것이 다릅니다. 한쪽이 30분간 자신에 대해서 이야기를 하면 배우자는 듣기만 하고 그리고 나서 다시 30분간 자신의 이야기를 하는 것으로 진행합니다.

진행 tip

타인이 살아온 삶의 여정을 알게 되면 그 사람의 말과 행동이 이해가 됩니다. 부부는 서로 타인을 잘 알고 있다고 생각하지만 실제로는 잘 모르는 경우가 대부분입니다. 서로 상대방의 과거 삶을 들음으로써 좀더 이해의 폭이 깊어질 것입니다.

② 내 배우자는 이래요

모든 구성원이 모여 앉습니다. 이번 프로그램은 평소에 배우자에 대해서 느꼈던 불만이나 안타까웠던 점, 상처받았던 부분에 대해서 이야기를 하는 시간입니다. 먼저 한 배우자가 이야기를 하면 공감하시는 분이나 다른 생각이신 분은 말씀을 하시면 됩니다. 단 이야기한 사람의 부인이나 남편은 누군가 질문을 했을 경우 외에는 이야기를 하시면 안 됩니다. 이야기를 하실 때는 배우자를 비난하지 말고, 그 당시에 자신이 느꼈던 기분이나 마음의 상처를 중심으로 말씀 해 주십시오.

피드백 주고 받기

배우자에 대한 불만을 이야기함으로써 억눌렸던 마음을 해소하는 효과가 있고, 배우자를 새롭게 이해할 수 있는 기회를 제공합니다. 또한 이야기한 후에 다른 부부들의 이야기를 들으면서 자신의 모습을 한 번 더 살펴보고, 자신의 문제점을 찾을 기회를 줍니다.

진행 방법

- 한 사람이 배우자한테 받은 상처나 억압된 감정을 이야기합니다.
- 참가자들은 이야기에 대한 피드백이나 자신들의 경험을 이야기합니다. 이 때는 말한 사람의 배우자는 말을 해서

는 안 됩니다.
- 그 이야기에 대한 피드백이 끝나고 난 다음에 그 상황에 대해 상대 배우자가 자신의 입장을 이야기합니다.

주의할 점
- 이야기하는 사람의 배우자가 이야기를 막지 않도록 합니다.
- 이야기가 끝난 뒤에는 반드시 상대 배우자의 입장을 이야기할 기회를 줍니다.
- 비난하는 말투보다는 솔직하고 편안하게 마음을 표현하게 합니다.

진행 tip

일상생활에서 부부는 서로 많은 상처를 주고받지만 표현하지 않고 쌓아둡니다. 이런 방식이 계속되면 서로의 관계에서 대화는 줄어들고 부정적인 감정은 부지불식간에 커지게 됩니다. 크게 화낼 일이 아닐 때 갑자기 화를 내는 상황 등은 쌓아둔 감정이 자신도 모르게 튀어나왔을 가능성이 큽니다.

이 프로그램은 서로에게 상처받은 마음이나 쌓인 감정을 풀어내도록 하는 시간입니다. 그런 점에서 부부 각자에게 같은 시간이 주어져야 하며, 상대방의 말을 차단하게 해서는 안 됩니다. 부정적인 감정도 솔직하게 표현할 수 있는 관계가 건강한 부부입니다.

③ 나는 이런 배우자를 원해요

이번 시간에는 자신이 원하는 배우자의 모습을 표현하는 자리입니다. 부부가 짝꿍이 되어서 이야기를 나눌 겁니다. 먼저 자신이 원하는 배우자의 모습에 대해서 적어보시기 바랍니다. 구체적으로 어떤 상황에서는 어떤 것을 원하는지 적어보시기 바랍니다.

이상적인 부부

자신이 원하는 배우자의 모습에 대해 솔직하게 표현하고 요구함으로써 건강한 관계 기반을 마련하고, 상대 배우자가 원하는 것을 알게 됨으로써 좀더 쉽게 의사소통하고 행동으로 옮길 수 있을 것입니다. 그리고 서로 바라는 모습이 되기 어려운 부분에 대해서 마음을 나눔으로써 편안한 관계로 발전할 것입니다.

진행 방법

- 먼저 배우자에게 바라는 것을 구체적으로 적습니다.
- 적은 것을 서로 교환하여 읽고 난 뒤에 하나씩 이야기를 합니다. 상대방의 요구를 들어줄 수 있는 것에는 방법을 이야기하고, 곤란한 경우에는 더 마음을 나눕니다.
- 그리고 가장 중요한 것 두세 가지를 선택하여 가족의 일상생활까지 연결되도록 합니다.
- 끝난 뒤 서로에게 피드백하고 안아줍니다.
- 부부가 끝나면 전체로 모여 마음 나누기를 합니다.

주의할 점
- 자신의 욕구충족에만 관심을 두지 않도록 합니다.
- 서로의 필요와 욕구가 충족되도록 많은 이야기를 나누게 합니다.
- 두 사람이 해결되기 어려운 부분은 전체에서 고민을 함께 나누어 봅니다.

진행 tip

함께 살면서 서로에게 많은 불만을 가진 부부들에게 부인이나 남편에게 진정으로 바라는 것이 뭐냐고 물으면, 얼버무릴 때가 있습니다. 작은 불만이 덩어리로 커져버렸기 때문에 불만만 남고 무엇을 원하는 지는 잊어버려서 그런가 봅니다. 이런 상황이 되면 부부는 서로 무엇 때문에 불만이 있는지, 무엇을 바꿔야 할지를 모른 채 포기하게 됩니다.

그래서 프로그램을 통해 구체적으로 무엇을 바라고, 무엇을 고치면 좋을지를 표현해 주어야 합니다. 알아야 고칠 수 있습니다.

(2) 명상 프로그램

자신을 긍정하는 명상을 먼저 하고 다음으로 평소에는 무심히 지나쳤거나 무시했던 배우자의 긍정적인 점을 명상하는 프로그램이 주를 이룹니다. 단점이라고 생각했던 부분들이 장점임을 인정할 수 있는 기회가 되기도 합니다. 그리고 배우자에게 서로 존중과 자비의 마음으로 108배를 하고, 받음으로써 서로가 존재 자체로 수용하고, 수용 받는 경험을 하게 됩니다.

① 배우자 긍정명상

지금부터 내 남편, 아내의 장점을 찾아보도록 하겠습니다. 얼마나 많은 장점이 있는지 잘 생각해 보시기 바랍니다. 남편과 아내의 좋은 점을 찾기가 힘들다면 그것은 평소에 자신이 배우자를 좋게 보지 않고 못마땅해 하고 야단을 쳤을 가능성이 높습니다. 지금부터라도 칭찬하는 아내, 인정해 주는 남편이 됩시다.

서로 칭찬하는 부부

배우자의 장점을 찾아봄으로써 생활 속에서 자신이 놓치고 있었던 좋은 점을 발견하고 칭찬할 기회를 제공합니다. 또한 함께 칭찬을 해 보는 경험을 바탕으로 가정에 돌아가서도 서로 인정하고 긍정해 주는 부부가 될 수 있을 것입니다.

진행 방법

- 종이에 배우자의 장점을 50가지 정도 찾아 적습니다.
- 적은 뒤 모든 참가자들이 모여 남편이나 부인 자랑을 합니다. 듣는 사람들은 칭찬을 인정하는 환호성을 지릅니다.
- 한 사람의 장점발표가 끝나고 나면, 칭찬을 들은 배우자의 느낌이 어떤지 소감을 나누고 다음 사람으로 넘어갑니다.

- 모두 이야기를 하고 난 다음에 자기 자신과 배우자에게 자비명상을 보냅니다.

주의할 점
- 대단하고 큰 것보다는 생활 속에서 고맙고 감사한 점을 중심으로 적게 합니다.
- 배우자가 한 칭찬을 거부하거나 부정하지 말고 있는 그대로 받아들입니다.

② 배우자를 존중하는 절 명상

부부가 짝이 되어 서로에게 108배를 하는 시간입니다. 앞에 앉아있는 남편이 욕심과 성냄, 어리석음에서 벗어나고, 몸과 마음의 고통에서 벗어나기를 바라는 자비의 마음을 담아 절을 하겠습니다. 그리고 당신은 충분히 사랑스럽고 존중받을 권리가 있다는 마음을 보내면서 절을 하도록 하겠습니다. 함께 살아가는 것에 대한 감사함과 고마움도 함께 담아보시기 바랍니다.

신뢰와 사랑 만들기

배우자에게 절을 함으로써 감사의 마음을 전달할 수 있고, 상대방의 행복을 바라는 자비의 마음을 확장시켜서 이해하는 마음이 길러집니다. 그리고 절을 받으면서 함께 살아가는 것에 대한 고마움이 느껴지고, 나를 존중하고 사랑해 주는 데 대한 감사의 마음도 일어납니다. 이러한 신뢰와 사랑의 경험은 두 사람이 가정으로 돌아가서도 계속 이어질 것입니다.

진행 방법
- 한 사람은 편안히 앉아 있고, 한 사람은 108배를 합니다.
- 108배가 끝나면 절을 받은 사람이 절한 배우자에게 느낌을 이야기합니다.
- 절을 받은 쪽이 이번에는 108배를 하고, 한 사람은 편안하게 절을 받습니다.
- 그리고 소감을 이야기합니다.
- 끝난 뒤 손을 잡고 자비의 마음을 서로에게 보냅니다.
- 부부가 끝나면 모두 모여서 마음을 나눕니다.

주의할 점
- 절을 편안하고 감사한 마음으로 받게 합니다.
- 배우자가 진정으로 행복하고 평화롭기를 바라는 자비와 존경의 마음으로 절을 합니다.

진행 tip

가끔 만나는 사람, 업무로 만나는 사람들과의 관계는 형식적이므로 자신의 내면을 모두 보이지 않습니다. 심리학 용어로 말하면 페르조나를 쓴 채 관계를 맺는 것입니다. 그러나 부모, 부부의 경우 본연의 모습이 드러납니다. 그래서 갈등이 생겨 좋은 관계를 맺기가 힘들게 됩니다.

　부부가 서로에게 끌리는 이유는 그림자처럼 자신 속에 숨어 있는 모습 때문입니다. 외향적이고 활달한 상대방의 모습이 좋아서 결혼을 선택한 부인은 스스로는 발견하지 못했지만 자신 속에 활발하고 적극적인 모습을 가지고 있습니다. 그래서 처음에는 끌리지만 서서히 장점에 대해 둔감해지면서, 싫어지기도 합니다. 이 때 싫어하는 마음이 강해지면 이혼을 선택하기도 합니다. 그러나 안타깝게도 새로운 사람을 만날 때도 자신이 끌렸던 사람과 비슷한 유형의 사람을 만나게 됩니다. 왜냐하면, 자신의 내면의 문제가 해결되지 않았기 때문입니다.

　부부관계는 무의식의 싸움이라고 할 정도로 본인도 알지 못하는 여러 모습이 드러나고 부딪치게 됩니다. 그래서 부부관계에서의 갈등 해결은 개인의 성장에 필수적입니다. 서로의 마음에 귀기울이되, 자신의 어떤 요소가 상대방과 부딪치는지 알아차릴 수 있어야 갈등이 풀릴 수 있습니다. 그리고 그것을 서로 나누어야 한다. 그 과정에서 부부는 함께 성장할 수 있습니다.

　다른사람을 존중하고 수용하는 배우자 긍정명상과 절명상을 통해 서로를 한 인간으로 존중하고 인정하게 될 것이며, 그것을 바탕으로 함께 성장할 수 있는 기회가 될 것입니다.

5) 일정표 – 부록 3 참조

명상의 창 _ 가족 자비명상

5 - 3과 2 + 2

오해는 어디서 올까?

이해하지 못함에서 오겠지.

이해가 안 되는 건 왜일까?

내 입장에서만 생각해서 그렇겠지.

어떻게 해야 이해할까?

타인의 입장에서 보면 되겠지.

누가 내게 욕을 할 때는 그럴 만한 나름대로의 이유가 있어서이다.

그 사람의 입장에서 욕을 할 수밖에 없었던 이유를 찾아봅니다. 그래야만 이해가 되니까요. 이해가 되면 분노가 사라집니다. 오해로 인한 상처 때문에 아파하는 사람이 많이 있습니다. 그 상처를 어루만져 주는 것도 중요하지만 오해를 풀어주어야 합니다.

5-3 = 2. 오해를 세 번 생각하면 이해할 수 있다.

자신을 떠나 오해의 원인을 상대방의 입장에서 세 번 생각하면 이해하게 되며, 스스로 깨닫게 됩니다. 남을 미워하고 원망하는 마음도 자기에게서 비롯되었음을 말입니다.

2+2 = 4. 이해하고 또 이해하는 것이 사랑이다.

얼마나 멋진 말인가?

'이해하고 또 이해하는 게 사랑이라…'

간단하면서도 심오한 깊이가 있는 5-3과 2+2의 진리를 가르쳐 준 이는 불교학교에서 만난 초등학교 4학년 꼬마아이였습니다. 세상엔 스승 아닌 것이 없다는 말은 참으로 맞는 말입니다. 이것을 가르쳐 준 보답으로 꼬마에게 과자 한 봉지를 주었습니다. 활짝 웃으며 좋아했지요.

함께 살고 있는 남편, 아내, 딸, 아들, 손자, 손녀도 어느 순간 여러분의 스승일 것입니다.

4 가족
자비명상 프로그램

1) 가족, 행복의 시작

일상생활에서 가정이라는 한 공간에서 생활을 하지만, 부부뿐만 아니라 부모, 자녀간의 의사소통은 거의 이루어지지 않는 경우가 많습니다. 아이가 어떤 생각을 하고 있는지 부모들이 어떤 마음을 가지고 있는지 알지 못합니다. 그래서 서로를 이해하고 소통할 수 있는 기회를 제공하는 것이 좋습니다.

가족 자비명상을 통해 가족 개인이 살아온 삶을 이해할 수 있으며, 가족이 함께 서로를 칭찬하고 지지해 줌으로써 서로 존중하는 마음을 가지는 기회를 제공할 것입니다.

2) 전체 일정과 구성

여러 가족이 모여 서로 소개 시간을 가진 다음에 자신에 대한 긍정적인 점을 찾아 발표하는 시간을 가집니다. 둘째 날에는 가족에게 받은 스트레스나 서운함, 억울함을 풀어내는 시간을 갖고, 감정을 해소한 다음 가족에 대한 긍정적인 점을 찾는 명상 시간을 가집니다. 저녁에는 유서 쓰기를 통해 자신을 돌아봅니다. 마지막 날에는 가족을 존중하는 절 명상을 통해, 가족의 사랑에 대해 체험하는 시간을 가지게 됩니다.

3) 진행상의 유의점

가족 중심의 수련회이므로, 자녀들의 연령에 차이가 있을 수 있습니다. 모든 대상이 참가할 수 있도록 프로그램이 구성되었으나 진행시에 연령을 고려할 필요가 있습니다. 그리고 가족이 여러 그룹으로 나누어 있을지라도 각 가족이 구성원들의 이야기를 들을 수 있도록 배려합니다.

4) 프로그램

(1) 상담 프로그램

처음 소개를 할 때, 가족 중 한 사람이 자신을 소개하는 형태를 취합니다. 그리고 가족으로 인해 겪었던 마음의 고통에 대해 이야기를 할 때는 서로 그것을 듣고 자신의 입장을 이야기할 수 있도록 충분한 시간을 줍니다. 그리고 희로애락을 표현할 때는 적극적으로 표현하게 하며, 가족 개인의 인생을 돌아보는 인생곡선을 통해 가족에 대한 관심을 높이도록 합니다.

① 가족이 개인 소개하기

자기 소개를 스스로 하는 것이 아니라 가족 중 한 사람이 하는 것입니다. 예를 들어, 아들 A를 아버지가 소개하거나 딸을 엄마가 소개하는 것입니다. 즉, 아버지가 아들을 일어나게 한 뒤, "제 아들 A는 지금 고등학생입니다. 학교에서는…" 등등 이렇게 소개를 하는 것입니다.

진행 tip

가족이 자신을 어떻게 보고 있는지에 대해 알 수 있는 기회가 되며, 자신이 가족을 어떻게 생각하고 얼마나 알고 있는지에 대해 알 수 있는 시간이 됩니다. 작은 소개인 듯하지만 많은 생각을 할 수 있는 시간일 것입니다.

② 가족으로 인한 고통

모든 구성원이 모여 앉습니다. 이번 프로그램은 평소에 가족에게 받았던 스트레스나 고통, 상처에 대해서 이야기를 하는 시간입니다. 생각을 해 보십시오. 나는 가족으로 인해 어떤 어려움을 겪었는지, 지금은 어떤 아픔이 있는지… 그 고통을 준 사람을 비난하거나 탓하라는 것이 아니라 그로 인해 받았던 나의 고통에 대해 이야기하는 시간입니다. 과거의 일이나 현재의 일을 말씀해 주십시오.

마음 나누기

가족에 대한 고통을 이야기함으로써 억눌렸던 마음을 해소하는 효과가 있으며 가족들은 이해할 수 있는 기회가 됩니다. 그리고 이야기 후에 대상 가족의 이야기를 들으면서 마음을 풀거나 서로 마음을 나누게 됩니다.

진행 방법
- 한 사람이 가족에게 받은 상처나 억압된 감정을 이야기합니다.
- 대상 가족이 있으면 그것에 대한 자신의 입장을 이야기합니다.
- 그리고 다른 가족들이 차례대로 이야기를 합니다.
- 이야기가 끝나고 난 뒤 다른 가족들의 이야기를 듣습니다.

주의할 점
- 이야기하는 사람의 이야기를 끊지 않도록 합니다.
- 이야기가 끝난 뒤에는 반드시 상대 가족의 입장을 들을 기회를 줍니다.
- 비난하는 말투보다는 솔직하고 편안하게 마음을 표현하게 합니다.

진행 tip

가족이란 이름으로 가까이 있기 때문에 상처를 주는 것도 모른 채 아픔을 주게 됩니다. 그것이 말로 표현되지 않게 되면 감정이 쌓여 대화가 더 사라지게 됩니다. 이러한 기회를 통해 서로의 상처를 이해하고 보듬어줄 기회가 되며, 새로운 감정이 생길 기회를 차단할 수 있습니다.

이 프로그램은 서로에게 상처받은 마음이나 쌓인 감정을 풀어내도록 하는 시간입니다. 그런 점에서 가족이 충분하게 마음을 표현할 기회를 주어야 하며, 부정적인 감정도 솔직하게 표현할 수 있어야 합니다.

③ 희·로·애·락

이번 시간에는 우리가 주로 느끼는 희·로·애·락의 감정을 가족이 함께 표현해 보는 시간입니다.

우리는 인생이라는 무대에서 한 배우가 되는 것입니다. 그래서 진행자가 안내하는 대로 감정을 가족이 함께 표현해 보는 것입니다.

감정과 솔직하게 접촉하기

우리는 희·로·애·락의 감정을 솔직하게 잘 표현하지 못합니다. 그래서 좀더 적극적으로 연습할 필요가 있습니다. 그렇게 함으로써 현재를 좀더 충실하고 행복하게 살아갈 수 있게 됩니다.

진행 방법

- 가족 구성원이 모여 앉습니다.
- 진행자가 "이 세상에서 가장 즐거운 가족이 되어서 큰 소리로 웃어보십시오."라고 말하면 가족이 아주 즐거운 표정과 소리를 내면서 웃습니다.
- 화난 모습, 슬픔, 노래 부르기, 춤추기 등도 이런 순서로 진행합니다.
- 가장 잘 표현한 가족에게 선물을 주거나 다른 가족이 업어주게 합니다.

주의할 점

- 가족이 따로 시간을 가질 수도 있고, 모든 가족이 함께할 수도 있습니다.

- 분위기를 잘 조성해야 합니다.
- 끝난 뒤 명상으로 연결되도록 합니다.

> **진행 tip**
>
> 가족이 함께 생활하면서 겪는 즐겁고 슬프고, 화나는 감정을 솔직하게 잘 표현하지 못할 때가 많습니다. 그래서 관계가 서먹해지며 대화도 단절되게 됩니다. 작은 감정 하나하나를 표현하면서 살아가는 것이 가족 행복의 시작입니다.

④ 가족(개인) 인생 곡선

눈을 감고 자신이 살아온 삶을 돌아보십시오. 태어나서 지금까지 나는 어떻게 살아왔습니까? 행복하고 즐거웠을 때는 언제이며 괴롭고 고통스러웠던 때는 언제였습니까? 여러분의 미래는 어떻습니까? 이번 시간에는 지나온 삶의 행복과 불행, 미래의 행복에 대해 생각해 보는 시간을 가지겠습니다.

과거! 새롭게 만나기

자신의 삶을 돌아봄으로써 과거를 새롭게 만나는 기회가 되며, 가족 각자가 서로를 이해할 수 있는 기회를 제공합니다.

진행 방법

- 내어준 A4 종이를 가로로 줄을 그어 주십시오.

- 그리고 왼쪽 끝 부분에 세로 줄을 그으십시오. 가로 줄은 나이이고, 세로줄은 행복도입니다.
- 세로에서 아래로 가장 불행한 것을 -100, 가장 행복한 것을 +100으로 두십시오.
- 나이별로 큰 기억을 중심으로 행복과 불행을 점으로 표시한 다음, 그 점들을 이어서 곡선을 만들어 보시기 바랍니다.
- 끝나고 난 뒤 가족들에게 이야기할 것입니다.

주의할 점
- 가족 각자가 이야기할 시간을 줍니다.
- 서너 가족이 같이 하거나 한 가족이 모여서 서로 이야기를 나눌 시간을 가집니다.
- 서로 질문을 할 수 있게 합니다.

진행 tip

　같은 시간을 살아왔지만 그것에 대해 개인이 느끼는 행복과 불행의 정도는 다릅니다. 그것을 서로 이해할 수 있는 기회가 됩니다. 그리고 자녀들은 부모가 살아온 삶을 이야기를 통해 접함으로써 좀더 부모님의 고통을 이해하게 됩니다.

(2) 명상 프로그램

자신을 긍정하는 명상을 먼저 하고 다음으로 가족 구성원에 대한 긍정점을 찾아서 인정하고 칭찬하는 기회가 됩니다. 그리고 가족에게 서로 존중과 자비의 마음으로 절을 하고, 받음으로써 서로가 존재 자체로 받아 들이는 경험을 하게 됩니다.

① 가족 긍정명상

나의 긍정점을 찾은 것처럼 함께한 가족의 긍정점을 찾아서 적어보겠습니다. 혹 함께하지 않은 가족이 있다면 그분들의 긍정점도 찾아서 적어주십시오.

가족의 힘

가족의 장점을 찾음으로써 가족 안에서의 내 모습을 새롭고 건강하게 만날 수 있고, 어려움이 있을 때 가족이 많은 도움이 되었음을 확인할 수 있습니다.

그리고 가족 각자에 대한 장점을 찾을 때는 자신과의 관계를 새롭게 정립할 기회도 됩니다. 가까이 있기 때문에 평소에는 불만일 수 있는 상황들이 실제로는 큰 힘이 되었음을 알게 되는 기회가 될 것입니다.

진행 방법

- 가족의 장점을 떠올리는 시간을 잠깐 갖게 합니다.
- 가족의 장점과 가족 각자의 장점을 찾아서 적습니다. 20개 정도가 적당합니다.

- 가족의 장점을 직접 말합니다.
- 그것을 들은 가족은 감정을 표현합니다.
- 끝나고 난 뒤, 자기 자신과 가족에게 자비명상을 보냅니다.

주의할 점
- 가족 각자의 특징과 관계에 관한 것을 동시에 적게 합니다. 예를 들어 동생은 차분하고 진지합니다. 저의 고민상대가 되어 줍니다. 등등.
- 장점을 듣는 사람에게 마음을 표현할 기회를 줍니다.

② 가족을 존중하는 절 명상

가족이 한 팀이 되어 서로에게 3배를 하는 시간입니다. 가족이 둘러 앉은 다음, 한 명이 차례로 나머지 가족에게 삼배를 하고 난 뒤, 차례로 다음 가족이 삼배를 모두 하고 난 뒤 앉습니다. 앞에 앉아있는 가족이 욕심과 화냄, 어리석음에서 벗어나고, 몸과 마음의 고통에서 벗어나기를 바라는 자비의 마음을 담아 절을 하겠습니다. 충분히 사랑스럽고 존중받을 권리가 있다는 마음을 보내면서 절을 하도록 하겠습니다. 가족으로 함께 살아가는 것에 대한 감사함과 고마움도 함께 담아보시기 바랍니다.

감사, 신뢰, 사랑의 경험
가족에게 절을 함으로써 감사의 마음을 전달할 수 있고, 상대방의 행복을 바라는 자비의 마음을 확장시켜서 이해하는 마음이 길러집니다.

그리고 절을 받으면서 함께 살아가는 것에 대한 고마움이 느껴지고, 나를 존중하고 사랑해주는 데 대한 감사의 마음도 일어납니다. 이러한 신뢰와 사랑의 경험은 두 사람이 가정으로 돌아가서도 계속 이어질 것입니다.

진행 방법
- 나머지 가족은 앉아있고, 한 사람은 삼배를 합니다.
- 3배가 끝나면 다음 사람이 차례대로 가족 모두에게 삼배를 합니다.
- 그리고 소감을 이야기합니다.
- 끝난 뒤 손을 잡고 자비의 마음을 서로에게 보냅니다.

주의할 점
- 절을 편안하고 감사한 마음으로 받게 합니다.
- 가족이 진정으로 행복하고 평화롭기를 바라는 자비와 존경의 마음으로 절을 합니다.

> **진행 tip**
>
> 저녁 가족 공양은…
> 큰 그릇에 밥을 비비거나, 서로의 식사를 챙겨주는 공양입니다. 두 명이 한 팀이 되어 서로에게 밥과 반찬을 먹여주는 시간입니다. 자녀에게 밥을 먹여 주는 경험을 한 부모들은 많지만 자녀들이 부모님께 밥을 먹여 드리는 가족은 거의 없습니다. 끝난 뒤 소감과 경험을 나누기 바랍니다.

5) 일정표 – 부록 4 참조

명상의 창 __ 직장인 자비명상

바쁜 일상에
　　잠깐 '쉼표'를 선물하세요.

삶의 리듬이 빠르고 생존경쟁이 치열한 곳이 회사입니다. 능력이라는 것을 최우선으로 하기 때문에 일상생활이 긴장이며 그래서 생활도 각박해집니다. 경쟁이 치열한 환경 속에서 일하므로 마음이 메마르는 것도 당연한 일일 것입니다. 메마른 마음은 힘을 소진시키고 삭막하게 만들면서 우리를 지치게 합니다.

가끔은 바쁜 일상을 떠나 휴식을 취하는 '쉼표' 시간이 필요합니다. 이번 자비명상 기간 동안에는 업무에 관련된 모든 것을 버리고 오로지, 자신의 마음에만 귀를 기울여 보십시오. 그 소리를 따라가는 여정이 '나를 찾는 여행길'이 될 것입니다.

'나를 찾는 여행'

나를 알고 바로 세워야 내 주변에 좋은 영향을 줄 수 있으며 다른 이들과 소통할 수 있습니다. 자신을 바로 알게 되면 당신이 '세상에서 가장 귀한 사람'임을 알게 될 것입니다. 그렇게 될 때 동료도 상사도 부하직원도 모두 귀한 사람임을 느끼게 됩니다. 나를 소중히 여기고 사랑하는 사람만이 남을 사랑할 수 있습니다. 이렇게 자신과 타인에 대해 감사와 사랑의 마음을 가질 때 돈을 벌게 됩니다.

제가 선방에 있을 때(그 때는 출가한 지 얼마 안 된 어린 스님이었답니다.)의 일입니다. 대법회가 있어서 선방수좌들도 법회에 참석했습니다. 큰스님 법문을 듣고 나서 어느 불자님이 큰스님께 여쭈었습니다.

"노스님, 돈을 많이 벌려면 어떻게 해야 되나요?"

"참선을 하면 된다."

그 때는 그 말을 도저히 이해할 수가 없었습니다. 물질에 대한 욕심을 버리기 위해 참선을 하는데, 돈을 번다구?

그런데 지금은 그 말씀이 옳다고 생각합니다. 돈을 벌려면 우선 마음이 집중되어야 합니다. 그 때 바른 생각이 나올 수 있고 합리적으로 돈을 벌 수 있는 방법을 생각할 수 있습니다. 마음이 산란할 때는 참신한 아이디어가 떠오르지 않으며 잘못된 생각을 하게 됩니다.

여러분도 마찬가지일 것입니다. 일을 잘하기 위해서는 그것에만 집중해야 합니다. 번민이 있어서는 안 되지요. 그러기 위해서는 휴식과 명상이 필요합니다. 잘 쉬어야 하는 것이지요.

그리고 수련 중엔 부장이다, 과장이다 등등의 직위는 놓으십시오. 팀장에게도 사원에게도 모두 한 켤레의 고무신과 수련복 한 벌이 주어집니다. 계급을 버리고 회사라는 조직에서 치열하게 살아가는 한 사람으로 그들의 고통, 아픔, 기쁨을 함께 느껴보시기 바랍니다.

5 직장인 자비명상 프로그램

1) 스트레스 풀기, 업무능력 향상

가정에서 주부의 역할을 하거나 나이가 들어 일을 못하는 경우를 제외하고 대부분의 사람들은 직장에서 많은 시간을 보내며, 직장에서 받는 스트레스는 엄청납니다. 도태되지 않기 위해 많은 노력들을 해야 하고, 직장에서의 합리적이지 못한 관계까지도 참아내야 하는 어려움이 있습니다.

빡빡한 직장생활에서 겪는 스트레스가 계속 쌓여 몸이나 마음의 질병으로 나타나 사람을 망치게 합니다. 따라서 직장인들이 인간관계와 업무, 분위기 등에서 오는 스트레스를 풀고 마음을 쉴 수 있는 자리가 많이 마련되어야 할 필요가 있습니다.

그래서 직장인을 위한 템플스테이에는 직장에서 자신의 모습과 타인과의 관계 그리고 자신의 삶을 바라볼 수 있는 내용을 포함하여야 합니다. 상담 프로그램을 통해 동료와의 의견 충돌이나 상사와의 마찰 등에서 억압된 마음을 풀고, 자신과 동료를 긍정하는 자비명상을 통해 업무 능력에 자신감을 가지고, 동료와 상사를 새롭게 바라볼 수 있는 기회를 가지게 하는 것이 이 프로그램의 목적입니다. 또 108배와 명상, 예불 등을 통해서는 자신의 내면을 만나고 돌아볼 수 있는 기회를 가지고 꽉 찬 직장생활에서 벗어난 고요하고 편안한 휴식이 되도록 합니다.

2) 전체 일정과 구성

첫 날에는 서로 만나는 시간을 가지고 마음을 열고 친분을 쌓을 수 있는 활동을 합니다. 그리고 발우 공양을 하고 난 뒤 자신을 긍정하는 자비명상이 저녁 장에 있습니다. 누워서 하는 명상이 끝난 뒤 잠자리에 듭니다.

둘째 날에는 108배 자비명상과 걷기 명상, 좌선을 시작하고, 자신의 하루 일과를 직장 생활을 중심으로 이야기하는 시간을 가지면서 자신의 생활을 반추해 보는 시간을 가집니다. 그리고 점심 식사 후에는 마음을 잘 표현하지 못하는 이유를 점검하고 건강한 의사소통을 훈련할 수 있는 시간을 가진 뒤 동료와 상사의 장점을 찾는 자비명상이 이어집니다. 그리고 밤에는 자신의 삶을 마무리하는 유서를 써보는 시간을 가지면서 자신의 삶을 돌아보는 시간을 가집니다.

그리고 마지막 날에는 108배 자비명상, 걷기 명상, 좌선, 발우 공양 등은 그대로 진행되고, 스님과 편안하게 차를 마신 다음에 함께 참가한 동료를 존중하는 절 명상을 합니다. 동료들이 참가하지 않은 경우에는 함께 참여한 사람들에게 절을 합니다.

3) 진행상의 유의점

직장인들은 대부분의 시간을 업무 처리와 사업적인 관계로 사람들을 만나기 때문에 자신의 이야기를 하는 것이 낯섭니다. 그래서 시작할 때 자신의 마음을 간단하게 표현하는 것을 연습해 보는 것이 중요합니다. '나는'이라는 주어를 반드시 넣어서 말하게 하거나, 서두에 '내 느낌은 내 생각은'이라는 말을 붙이고 나서 본론을 말하게 하는 방법도 좋습니다.

그리고 '직장 속의 나' 프로그램이나 '의사소통 훈련'은 역할극을 하여 실제 장면인 것처럼 연습을 하는 것이 도움이 됩니다.

4) 자비명상 프로그램

(1) 상담 프로그램

함께 모인 사람과 인사를 나누고 마음을 터놓는 프로그램을 시작으로 친분을 쌓은 다음 직장을 중심으로 자신의 하루 일과를 이야기하는 시간이 있습니다. 그리고 상사와 동료들이 편안하고 건강한 의사소통을 할 수 있는 프로그램이 진행됩니다. 억눌린 스트레스를 해소하고, 마음을 표현할 기회를 가지게 하는 것이 중요합니다.

① 직장 속의 나 – 나의 하루

이번 시간에는 우리가 보내는 하루에 대해 이야기하는 시간을 가지겠습니다. 여러분의 하루는 어떻습니까? 눈을 편안하게 감으시고, 아침에 눈을 뜨는 장면부터 기억해 보겠습니다. 당신은 어떤 모습입니까? 누군가가 깨웁니까? 알람소리가 들렸을 때 당신이 제일 먼저 하는 생각은 무엇입니까? 어떤 기분이나 감정이 올라옵니까? 일어나서 제일 먼저 하는 것은 무엇입니까? 차근차근히 떠올려 보십시오. 어떤 장면에서 어떤 기분들이 일어났다 사라지고, 주위 사람들에 대한 느낌은 어떤 것입니까?

직장에 와서 누군가를 만났을 때 당신은 어떻게 합니까? 어떤 기분입니까? 일을 할 때나 점심을 먹을 때, 전화를 받을 때… 당신의 하루 일과를 천천히 떠올려 보시기 바랍니다. 하루 일과가 마음속으로 그려지면 눈을 뜨고 구체적으로 글을 쓰겠습니다. 특히 직장에서의 상황을 좀더 구체적으로 표현해 주시기 바랍니다.

자기 통찰

자신의 하루를 기억하고 적어봄으로써 자신이 어떤 생각과 느낌으로 생활하고 있는지 알아차리는 기회가 되고, 그로 인해 어떤 스트레스를 받게 되는지 통찰하는 계기를 마련할 수 있습니다.

진행 방법

- 하루 일과를 자신의 느낌과 생각, 감정 중심으로 쓰되 현재형으로 씁니다.
  예를 들어, "눈을 뜬다. 회사에서 어제 못한 일을 생각하니 머리가 무겁고 일어나기 싫다." 이런 식으로 말입니다.
- 참가자들이 다 쓰고 나면, 자신의 하루 일과를 이야기합니다.
- 다른 참가자의 이야기를 듣고 난 뒤 자신의 느낌과 생각을 이야기합니다.
- 모든 내용이 끝나면 자신에 대한 자비명상을 합니다.

주의할 점

- 하루 일과를 나열하는 사건 중심이 아니라 그 속에서 느낀 자신의 감정 즉, 기쁨, 성냄, 짜증, 만족감, 행복감 등

을 중심으로 써야 합니다.
- 그리고 반드시 문장은 현재형으로 쓰게 합니다.
- 이야기를 듣고 난 뒤에는 그 사람의 하루에 대해 느낀 점을 이야기합니다.
- 자신의 하루를 편안하게 돌아볼 수 있는 시간이 되게 합니다.

진행 tip

우리는 대부분 일상에 쫓겨 바쁘게 움직이며 살아갑니다. 특히 경쟁이 치열하고, 능력 위주로 평가받는 직장생활에서는 더욱 그렇습니다. 그러다가 문득 '내가 뭐하고 있나? 사는 게 뭔가?' 라는 생각이 들고 삶에 대한 회의를 느끼게 됩니다.

그러나 우리는 이러한 생활에서 일어나는 생각, 느낌 등과 함께해야 합니다. 이 프로그램을 통해 직장생활에서 자신이 느끼는 고통과 힘듦을 접하고 지지할 수 있을 것입니다.

② 마음 나누기

이번 시간에는 상대방과 이야기를 하거나 마음을 표현하는 방법에 대해 연습을 해 보는 시간을 가질까 합니다. 처음에는 짝을 지어서 하다가 전체 앞에서 자신의 마음을 표현하는 시간을 가지겠습니다.

> **진행 tip**

　우리가 표현하고자 하는 마음은 물질의 변화에 따라서 끊임없이 변합니다. 그러나 우리는 모든 지각과 행동, 욕구와 분노, 행복과 불행을 느끼는 주체입니다. 그리고 마음은 외부의 다양한 자극과 정보들을 받아들여 판단하고 행동하면서 동시에 우리가 살아온 삶의 흔적을 고스란히 간직하고 있는 공간이기도 합니다. 그렇기 때문에 감정을 건강하게 해소하는 것이 필요합니다.

　이러한 특성이 있는 마음을 가꾸는 방법도 여러 가지가 있을 수 있습니다. 자기를 학대하거나 마음속으로 누르는 억압이나, 불편한 마음을 직설적으로 폭발하여 해소하거나, 상대가 없는 곳에서 욕설과 험담을 하는 방법은 마음을 흐리게 하는 대표적인 것들입니다. 이와 반대로 마음을 맑게 가꾸는 방법으로는 자신의 현재나 과거의 마음을 밖으로 표현하는 상담, 자자, 포살 등의 방법과 내면의 정서를 가꾸고 관리하는 명상, 참선 등이 있습니다. 지금 우리가 하려고 하는 것은 마음을 밖으로 표현하여 나누는 상담 방법입니다.

　먼저 우리가 나누거나 표현하려고 하는 것은 현재 나의 감정, 느낌, 기분입니다. 지금 내 마음 속을 흐르는 느낌을 관찰한 후 곧바로 알아차리는 명상의 방법이 아니라 밖으로 표출하여 해소하는 것이지요.

　표현할 때는 그 느낌이 일어난 이유와 함께 표현해야 합니다. 이것을 상담에서는 느낌의 이유를 촛대로, 느낌을 촛불로 비유합니다. 예를 들어 네가 말을 질질 끌어서(이유, 촛대) 지루하고 짜증이 난다(느낌, 촛불)로 분명하게 표현하는 겁니다. 예를 들어 촛대가 너무 크거나 촛불이 너무 강하면 어떤 일이 일어날까요? 여러분은 혹시 지루한 강의를 들어본 적이 있나요? 왜 지루한 느낌이 들까요? 많은 경우에 그 사람들은 촛대를 너무 많이 이야기합니다. 사실을 주로 나열하거나 잔소리를 하게 되면 듣기 싫어하는 마음이 들기 마련이지요.

반대로 촛불만 많이 드러나면 어떤 현상이 일어날까요? 화를 내거나 소리를 지르거나 나쁜 기분을 표현하는 경우에 해당되는데, 듣는 사람들은 이 사람이 왜 이러는지? 이해를 할 수 없을 때가 많습니다. 가까이 지내는 사람인 경우에 이런 경험을 많이 하게 됩니다.

따라서 촛대와 촛불을 적당한 비율로 섞어서 표현하는 것이 좋습니다. 우리나라 사람들의 대화에는 주로 촛대가 많이 등장하는 경향이 있습니다. 그리고 상대방이 마음을 내 놓을 때는 그 사람의 기분, 감정을 받아야 합니다. 상대방이 느끼는 기분의 이유를 논리적으로 따지지 마십시오.

예를 들어 상사한테 야단을 맞은 동료가 화를 내면서 욕을 하고 짜증을 낸다고 합시다. 그런 상황에서 여러분은 어떻게 반응합니까?

많은 경우에는 "괜찮다. 똥 밟았다고 생각해라. 무서워서 피하나? 더러워서 피하지" 등의 말로 위로합니다. 이러한 표현은 하지 않는 것보다는 낫겠지만 좀더 효과적인 방법은 먼저 그 사람의 마음에 맞장구를 쳐 주는 겁니다.

"정말 짜증나겠다. 화났겠다야. 열심히 해가지고 갔는데, 그러면 좀 설명을 해주면 좋았을 걸 황당하다야…" 이렇게 받으면 그 사람도 흥분하게 되고 그러다가 서서히 기분이 풀어집니다. 감정의 속성상 흥분의 끝까지 가면 내려오기 마련입니다. 그 사람의 감정에 동의하지 않더라도 그 순간만큼은 말하는 사람의 기분을 받아들이도록 노력해 보시기 바랍니다.

그리고 상대방이 안정이 되면 "네가 화를 내니까 어떻게 하지도 못하겠고 안타깝다." "이전에는 안 그랬는데 오늘 왜 그러지? 무슨 일 있나?" 등 상대방을 이해할 수 있는 말들을 던져 보는 게 좋습니다. 아직 상대방이 받아들이지 못하는 눈치이면 그만 두는 게 좋습니다. 말은 받아들이는 사람의 몫이거든요.

순간의 감정 표현으로 갈등 쌓지 않기

개인적으로는 생활 속에서 일어나는 미세한 감정들을 표현함으로써 감정에 충실하게 되고, 많은 행복감을 경험하게 됩니다. 그리고 감정이 억압되거나 무의식에 들어가 쌓이는 일이 없기 때문에 감정이 폭발하여 자신과 타인에게 해를 끼치는 일은 없게 됩니다. 또한 상황에 따라 일어났다가 사라지는 느낌, 감정, 기분에 집착하여 억압해 두지 않고 표현하기 때문에 맑고 건강해집니다.

그리고 함께하는 사람들의 기분을 가볍고 편안하게 하고, 주변 분위기를 밝게 합니다. 관계에서 일어나는 작은 감정들을 표현하다 보면 주위에 있는 사람들도 편안함을 느끼게 되고 갈등이 쌓이지 않게 됩니다.

진행 방법

- 자신이 평소에 마음을 가꾸는 방법을 점검하고, 그렇게 하는 이유를 찾습니다.
- 두 명씩 짝을 지어서 마음을 표현하는 연습을 합니다. 한 명은 촛대와 촛불로 자신의 상태를 표현하는 연습을 하고, 나머지 한 명은 기분을 받아주는 연습을 합니다.
- 이 연습에 익숙해지면, 4명씩 모여 한 명이 느낌을 말하고 3명이 마음을 받아서 표현합니다.
- 다시 8명으로 연습을 하다가 전체 참가자들이 모여서 지금 이 순간 일어나는 느낌과 생각을 표현합니다.
- 여러 사람들과 자신의 마음을 솔직하게 표현하는 것이 편안해지면, 역할극을 해 봅니다. 상사와 갈등을 빚었던 상황을 전체 앞에서 재연하고, 구성원이 모두 상사가 되어서 표현하는 시간을 가집니다.
- 모든 연습이 끝나고 난 뒤 느낌을 나눕니다.

주의할 점

- 처음에는 어색하고 쑥스러워서 하기 힘들지만 연습하는 시간을 많이 가집니다.
- 익숙해질 때까지 연습을 많이 합니다. 2명에서 4명, 8명으로 인원을 늘려가되 속도를 잘 조절해야 합니다.
- 상사뿐만 아니라 평소 자신의 표현에서 개선할 점을 찾아봅시다.

(2) 명상 프로그램

첫째 날 저녁에 자신의 장점을 찾는 자비명상을 하고 난 뒤, 상담 프로그램으로 직장에서 만나는 사람들과 관련된 마음을 해소합니다. 그리고 나서 직장에서 함께 일하는 사람들을 긍정하는 타인 긍정 명상을 하고, 마지막 날에는 동료를 존중하는 절 자비명상을 하게 됩니다.

① 동료·상사 긍정명상

어떤 인연인지는 몰라도 좋든 싫든 우리들은 직장에서 많은 사람들과 함께 지냅니다. 마음에 안 드는 사람도 있고 도저히 이해할 수 없는 행동을 하는 이들도 있습니다. 그것은 매일 함께 생활하는 사람들에게서 자연스럽게 느껴지는 감정일 것입니다.

그러나 이번 시간에는 시각을 조금 바꿔보는 시간을 갖고자 합니다. 나와 맞지 않은 저 사람도 누군가와는 관계를 잘 맺을 지도 모릅니다. 나의 관점이 아닌 그 사람의 입장에서 장점을 찾아보도록 하겠습니다. 직장에서 많이 부딪치는 사람과 상사를 중심으로 하겠습니다. 지금부터 그 사람들의 장점을 적어보시기 바랍니다.

묵은 감정 풀기

함께 생활하는 사람들의 장점을 찾아봄으로써 평소에는 잘 모르고 지냈던 부분이나 마음에 들지 않았던 모습이 새롭게 해석될 기회가 됩니다. 그리고 긍정하는 과정을 통해 묵혀 있던 감정이 해소되기도 하고, 관계를 개선할 수 있습니다.

진행 방법
- 종이에 동료 2~3명과 상사 1~2명의 장점을 적습니다.
- 다 적은 뒤 참가자들이 앞에서 적은 것을 읽습니다.
- 이야기한 사람의 칭찬을 듣고 난 뒤에 그 사람이 어떤 사람일 것 같은지 다른 참가자들이 이야기합니다.
- 모두 이야기를 하고 난 다음에 각자 동료와 상사에게 자비명상을 보냅니다.

주의할 점
- 일상생활에서 느끼던 것을 표현할 기회를 줍니다.
- 장점을 이야기하고 난 뒤, 참가자들이 하는 피드백을 통

해 그 사람을 새롭게 볼 수 있는 기회를 제공하는 것이 좋습니다.

② 동료를 존중하는 절 명상

지금부터 우리는 함께 생활한 사람들에게 절을 하겠습니다. 서로가 비슷한 여건과 조건 속에서 모두가 힘겹게 직장생활을 하고 있습니다. 이분들이 편안하고 행복한 직장생활과 삶을 살도록 바라는 자비의 마음으로 절을 하도록 하겠습니다.

행복한 직장

함께한 사람들에게 절을 함으로써 어려운 직장생활을 하는 사람들이 진정으로 행복한 마음으로 직장생활이 이어지기를 바라는 마음이 길러집니다. 절을 받으면서는 고민을 함께하는 사람들이 보내는 자비와 지지의 마음을 받아 내면적인 힘이 생기게 됩니다. 이러한 힘은 직장생활에까지 이어질 것입니다.

진행 방법

- 한 사람이나 전체 인원이 많을 경우에는 2~3명이 앞에 앉습니다.
- 나머지 모두는 앉아있는 사람에게 3배를 합니다.
- 모두 돌아가면서 3배를 하고, 절을 받고 나면 소감을 이야기합니다.

주의할 점

- 절은 편안하고 감사한 마음으로 받게 합니다.
- 정성과 자비의 마음을 담아 절을 합니다.

진행 tip

　　위계가 분명한 직장에서는 상사에게 예의를 지키지만 의례적으로 대하기 쉬우며, 동료는 함께한다는 생각보다는 경쟁하는 마음이 많습니다. 그래서 서로를 인정하고 존중하며 수용하는 인간적인 관계보다는 형식적이고 피상적인 관계를 맺기가 쉽습니다. 능력 위주의 사회에서 불가피한 면이 있기는 하지만 동료나 상사가 고통과 어려움을 겪고 있는 똑같은 사람이라는 걸 알게 된다면 직장도 편안한 곳이 될 수 있을 것입니다.

5) 일정표 – 부록 5 참조

명상의 창 _ 교사 자비명상

자비로운 교사가
학생을 행복하게 한다.

선생님은 학생들에게 배울 수 있는 자세가 되어 있어야 합니다. 선생님은 가르치는 교사이기 이전에 학생들처럼 성장하는 인간이고, 내부의 약함을 끊임없이 극복하면서 좌절과 기쁨을 맛보기도 하는 그런 사람입니다. 이것을 인정하게 되면 겸손해짐과 동시에 학생에게 잘해야 하고 모범을 보여야 한다는 부담감에서 벗어날 수 있습니다.

아이들 내면에는 미래의 가능성이 살고 있으며, 교사들보다 앞선 존재들이라고 할 수 있습니다. 교사는 이러한 가능성들이 밖으로 나오도록 욕심 없는 보살핌을 주어야 하고, 발달하는 과정에서 나타나는 방해물들을 제거해 주어야 합니다.

잠재 능력을 밖으로 나오게 하는 가장 중요한 지침은 기다려 주는 것입니다. 재촉하지 않고 지지하고 칭찬하면서 힘을 북돋아 주면 됩니다. 그렇게 되려면 먼저 선생님 스스로 잠재능력을 믿고 보살펴주어야 합니다.

선생님은 학생들 마음에 살아있는 것을 발견하여 올곧게 성장할 수 있도록 도와줄 수 있는 사람입니다. 교육이라는 이름으로 학생들에게 교사의 견해나 생각을 받아들이도록 강요하기보다는 자비로운 대화를 통해서 아이들이 자신의 견해를 수

정하고 확립해 갈 수 있도록 해야 합니다.

그러기 위해서는 교사 스스로 내면의 부정적인 요소를 긍정적인 것으로 정화시키고, 자비심을 길러야 합니다. 또한 자비로운 대화 방법을 훈련해야 합니다. 그래서 선생님의 자비심은 중요한 것입니다.

자신에게 자비로우십시오.

그러면 학생들에게 자비로울 수 있습니다.

그리고 선생님의 감성이 깨어나도록 하십시오.

아이들이 어릴 때부터 세상과 자신에 대한 놀라움, 기쁨, 경이로움, 존경스러움을 가지도록 느낌을 발달시키거나 보존시켜 줄 수 있게 말입니다. 삶에서 매우 중요한 느낌, 감성의 발달을 통해서 삶의 아름다움을 경험하는 능력도 길러집니다. 이런 능력들을 통하여 인간적인 개성은 나타납니다.

잊지 마시기 바랍니다.

선생님의 평화롭고 자비로운 마음은 학생들에게 그대로 전해진다는 것을….

6 교사
자비명상 프로그램

1) 학생들의 능력을 일깨워주는 교사

교사들은 학생들을 가르치는 입장에 서있는 사람들이며, 만나는 아이들도 많습니다. 그래서 더욱 교사들이 가진 생각이나 가치관, 마음의 평화는 중요합니다.

이런 점에서 교사들을 위한 프로그램은 학생들을 가르치는 데서 오는 어려움을 해소하고 학생들의 긍정성을 찾아 능력을 일깨워줄 수 있는 내용이어야 합니다.

따라서 본 프로그램은 교사들이 겪는 어려움을 해소하는 상담 프로그램과 학생들의 긍정점을 찾고 함께 명상할 수 있는 내용으로 구성하였습니다.

2) 전체일정과 구성

첫 날에는 서로 자기소개를 하고 난 뒤 친분을 쌓는 활동을 한 다음, 2명씩 짝을 지어 자신의 삶에 대한 이야기를 나눕니다. 그리고 저녁시간에는 교사들이 가진 틀을 깰 수 있는 개싸움과 순간의 감정에 충실하도록 희·로·애·락 프로그램을 합니다.

둘째 날에는 모둠으로 학생들로 인해 겪는 교사들의 갈등이나 어려움을 함께 표현하는 시간을 가진 뒤, 자신에 대한 긍정명상을 합니다. 그리고 학생들을 칭찬하는 요령을 익히는 실습시간을 가지며, 아이들과 함께할 수 있는 다양한 명상을 익힙니다. 저녁에는 유서 쓰기를 합니다. 마지막 날에는 서로를 존중하는 절 명상을 합니다.

3) 진행상의 유의점

교사들은 가르치는 입장에 있는 사람들이라 학습이나 교육을 익숙해하지 않는 경우가 많습니다. 프로그램에 대한 구체적인 안내가 필요하고, 학생들과 함께할 수 있는 명상에 주안점을 두는 것도 좋은 방법입니다. 그리고 프로그램이나 명상을 직접 체험한 교사가 아이들과 명상을 진행할 수 있음을 숙지시켜 주시기 바랍니다.

4) 자비명상 프로그램

(1) 상담 프로그램

가르치는 입장에 선 교사들뿐만 아니라 학생들과 함께할 수 있는 프로그램으로 구성하는 것이 좋습니다.

① 교사 틀을 깨다 – 개싸움

지금부터 우리는 한 마리의 개가 되도록 하겠습니다. 싸움을 하려는 개의 표정을 지어보십시오. 으르렁거리면서 다른 개를 노려보겠지요. 지금부터 우리는 개가 되는 것입니다. 더 강하게 공격하는 개가 이기는 걸로 하겠습니다.

내면의 공격성을 건강하게 풀기

교사들이 가진 틀을 깨면서, 내면에 있는 공격성을 건강하게 풀어내어 정화를 할 수 있는 기회가 됩니다. 좀더 적극적으로 개의 역할을 하도록 하는 것이 좋습니다.

진행 방법
- 먼저 2명이 한 조가 됩니다.
- 서로 마주 노려보면서 개의 자세를 취합니다.
- 시작하면 서로 공격합니다.
- 한 팀이 끝나면 다음 팀이 합니다.

주의할 점

- 인원이 너무 많을 경우에는 몇 팀으로 나누어서 진행하는 게 좋습니다.
- 공격할 때는 소리를 내거나 몸으로 공격하게 합니다. 손으로 할퀴는 등의 행동은 하지 못하게 합니다.
- 이 행동을 거의 하지 못하는 경우에는 다시 한 번 더 시켜 보는 것이 좋습니다.

진행 tip

학생들은 성장 에너지가 강한 만큼 내면에도 강한 공격성을 갖고 있습니다. 그러나 많은 교사들은 그러한 것을 잘 이해하지 못하고, 모범생으로 착하게 행동하라고 합니다. 이 프로그램을 통해서 내면의 공격성을 드러내거나 접하게 되는 교사들은 학생들의 공격성이나 에너지를 좀더 잘 이해하게 될 것입니다. 공격성은 그 자체로 나쁘거나 문제가 있는 것이 아니라 잘못 쓰여졌을 때 문제를 발생시키는 것입니다. 건강하게 사용되었을 때에는 건강한 힘과 에너지가 됩니다.

② 학생(학부모)에게 받는 상처

이번 프로그램은 평소에 학생들이나 학부모에게 받았던 스트레스나 고통, 상처에 대해서 이야기하는 시간입니다. 나에게 상처를 준 아이들을 떠올려 보십시오. 어떤 말이나 행동이 선생님의 마음을 상하게 하였습니까? 그 고통을 준 사람을 비난하거나 탓하라는 것이 아니라 그 아이로 인해 받았던 나의 고통에 대해 이야기하는 시간입니다. 과거의 일이나 현재의 일이나 말씀해 주십시오.

교사들의 상처 공유

아이들이나 학부모에게 받은 상처를 이야기함으로써 억눌렸던 마음을 해소하는 효과가 있으며 다른 교사들의 상황이나 경험을 들을 수 있는 기회가 됩니다. 그래서 그것이 자신만이 겪는 고통이 아님을 위로받게 됩니다.

진행 방법
- 한 사람이 학생들이나 학부모에게 받은 상처나 괴로웠던 경험을 이야기합니다.
- 그리고 나서 다른 선생님이 이야기를 합니다.
- 이야기가 끝나고 난 뒤 다른 선생님의 이야기를 듣습니다.

주의할 점
- 이야기하는 내용이 끊어지지 않도록 합니다.
- 비난하는 말투보다는 솔직하고 편안하게 마음을 표현하게 합니다.

진행 tip

교사라는 직업이 사회 일반에서 좋은 직장이라고 생각하는 것과는 달리 학생들과 학부모들과의 관계에서 많은 상처를 주고 받습니다. 그렇지만 그것을 누구에게 하소연하거나 푸념하기가 어려운 입장에 있습니다. 동료교사들에게 말하면 자신의 무능력이나 제자를 욕하는 듯하여 마음이 꺼림칙하게 되고, 관리자에게 어려움을 말하기도 입장이 애매합니다. 그로 인해 교사들은 많은 상처를 가지고 학생들을 대하게 됩니다. 이것은 고스란히 아이들에게 부정적인 감정으로 전달되는 경우가 많습니다. 그런 점에서 프로그램을 통해 쌓인 감정을 풀어내도록 한 뒤 명상으로 연결하는 것이 좋습니다.

③ 칭찬하기 실습

장점은 키우고 단점은 보완하고!

장점은! 쉽게 드러나고 강하며 지지하기 쉽고 칭찬하기 쉽고 더 키우기 쉽습니다.

단점은! 감추고 싶어하고 다치기 쉽고 고치려고 노력하고 보완해야 할 부분입니다.

여기서 중요한 것은 개인이 생각하는 장점과 단점에 판단의 오류가 작동한다는 것입니다. 다른 사람의 눈에는 장점이지만 자신의 눈에는 단점일 수도 있습니다. 그러한 지각의 오류는 개인의 살아온 과거 삶과 연관이 되어 있는 경우가 많습니다. 그러나 오랜 과거로부터 습관화된 방식을 고치기는 어려운 점이 많고 시간이 많이 걸립니다.

우리 모두는 타인으로부터 인정받고 싶어합니다. 태어나서 부모로부터 인정과 사랑, 존중을 충분히 받은 사람은 건강하고 밝으며 자신에게 당당해집니다. 그러나 많은 경우 부모들은 자신의 문제에 빠져있기 때문에 충분한 사랑과 인정을 주지 못합니다. 그래서 우리는 스스로나 지금 현재 주위에 있는 사람들에게서 인정과 지지를 받아야 합니다. 그것이 우리가 쉽게 접근할 수 있는 칭찬입니다.

우리의 교육은 단점을 지적해서 없애거나 고치려 합니다. 그 대표적인 말이 '노력'이라는 말입니다. 그러나 단점은 약하고 감추고 싶고 다치기 쉽기 때문에 지적을 받으면 상처를 받거나 위축되기 쉽고 때로는 자존감까지 다칩니다.

반면에 칭찬과 지지로 장점을 키운다면 우리의 내면에 있는 인정받고 싶은 욕구를 자극하여 자신감 있게 되고, 나아가 자신의 부족한 섬을 받아들이고 보완할 힘을 갖추게 됩니다.

그렇게 되면, 우리는 자신에 대한 다른 사람의 칭찬이나 비난을 편안하게 수용하고, 다른 사람에게 긍정적인 칭찬이나 부정적인 피드백을 자유롭게 할 수 있게 됩니다.

🌱 칭찬 실습

〈실습 1〉

괜찮게 생각하는 아이의 칭찬할 만한 점 3가지를 적어보세요.

이름	칭찬할 것

　　칭찬하기 전에, 그 아이에 대해 한번 곰곰이 생각해 보자. 그 아이는 어떤 성격을 가지고 있고, 평소에 어떤 행동 특징이 있는지, 그리고 그 아이의 인간 됨됨이는 어떻게 느껴지는지 생각해 보자.

　　그 중에는 누가 보아도 그 아이를 칭찬할 만한 점들이 있을 것이다. 그래서 지금부터는 그 아이의 좋은 점들만을 생각해 보도록 하자.

　　아이의 장점을 몇 개나 찾아낼 수 있었는가? 그 아이의 좋은 점들을 쉽게 발견할 수 있었는가? 혹은 억지로 하라고 하니까, 마지못해 몇 가지 정도 찾았는가?

　　칭찬을 하지 못하는 원인은 무엇일까? 왜 나는 상대방의 장점을 찾기가 어려운가? 그 사람이 칭찬할 만한 점이 없는가? 아니면 내 눈에 장점이 보이지 않는 것인가?

〈실습 2〉

아이를 칭찬한 내용을 보고, 다음의 항목을 점검해 보자!

  ① 막연한가? 아니면 구체적 실증적으로 자료를 대었는가?
  ② 큰 것보다 작은 것을 꼬집어서 칭찬했는가?
  ③ 상대방을 제대로 칭찬하기 위해서는

  첫째, 사실보다는 사람을 칭찬하는 요령을 익혀야 합니다. 예를 들어서, 당신이 찾은 칭찬 중에서 아이들에게 잘한다든가, 동료교사들과 잘 지낸다든가 하는 말이 있다고 생각하면 그런 말들은 모두 사실에 대한 칭찬이지 사람을 칭찬하는 것은 아닙니다.

  예를 들어, 앞에서 말한 "아이들에게 잘 한다"는 말을 사람에 대해서 칭찬하고, 작고 세밀한 부분으로 나누어서 칭찬해 보면,
  1) 최선을 다하고 2) 정성스럽고, 3) 책임감 있고, 4) 감성이 있으며, 5) 아이들에게 잘하려는 열성을 지니고 있으며, 6) 아이들을 다루는 능력도 좋다. 등의 여섯 가지 이상의 칭찬으로 바꿀 수 있습니다.

  마찬가지로, "동료교사들과 잘 지낸다."는 말은
  1) 사교적이고 2) 다른 교사들의 입장을 존중하고, 3) 이야기를 잘 들어주고 4) 배려심이 있으며 5) 편안하고 따뜻하고 6) 친절하고 7) 자신의 입장이 있으며 8) 인간미가 있는 사람 등의 칭찬으로 나눌 수가 있습니다.

🌱 **칭찬 걸림돌 찾기**

- 왜 칭찬이 잘 안 될까?

칭찬을 잘 하지 못하는 것은 자신의 장점을 잘 인정하지 않기 때문입니다. '자신을 칭찬하는 것'이 학생을 칭찬하기 위한 출발점입니다. 그리고 칭찬할 때는 비교하지 말고 온전히 그 아이에게만 집중해서 하십시오.

진행 tip

누군가에게 칭찬과 인정을 받는 것은 쑥스럽기도 하지만 기분 좋은 일입니다. 부처님께서는 칭찬과 비난 모두에 흔들리지 말라고 하셨지만 세상을 살아가는 우리에게는 비난보다는 칭찬이 훨씬 좋습니다. 칭찬을 받을 때 "네가 사람을 몰라서 그렇지. 좀더 알아봐라. 아니야, 난 그런 면 없어!" 등으로 상대방의 말을 거부하지 마십시오. 상대방 눈에는 그렇게 보이고, 그런 점이 좋다는 것입니다. 그것을 거부하게 되면, 상대방에게도 무안함을 되돌려주고 자신도 좋은 기분은 아닐 것입니다. 편안하게 다른 사람이 하는 칭찬을 있는 그대로 받아들이는 것도 건강한 사람의 한 특성입니다.

(2) 아이들과 함께 하는 자비명상

① 칭찬으로 하는 자비명상
㉮ 몇 명씩 짝을 지어 팀을 구성한 뒤, 팀장을 뽑습니다.

- 학급 단위로 조, 종례 시간을 활용해서 할 수 있으며, 팀장을 매일 바꾸는 것도 한 방법입니다.

㉯ 팀장이 사회를 보고 팀장이 지목한 사람에게 다른 모든 사람들이 돌아가면서 칭찬하기.

㉰ 들은 소감을 feedback 하기. 이때, 누구에게 들은 칭찬 내용이 가장 인상적이거나 마음에 남거나 좋았다는 것을 표현할 것. 이는 그가 듣고 싶어 하는 칭찬이 어떤 것인지를 알 수 있습니다. 어떤 것에 지금 관심이 있는지, 또 어떤 사람인지를 이해할 수 있는 기회가 됩니다. 칭찬하는 사람은 상대가 듣고 싶어 하는 칭찬이 어떤 것인지를 알고 칭찬하는 것이 중요합니다.

㉱ 칭찬을 들으면서 그리고 칭찬을 하면서 어떤 느낌과 생각이 들었는지 소감을 나누어 봅시다.

② 아이들과 하는 5분 자비명상

눈을 감고 마음을 편안하게 하고 난 뒤, 얼굴에 미소를 띠고 해당되는 사람이 웃는 얼굴을 눈앞에 떠오르게 합니다. 그리고 아래 문구를 되뇌이면서 마음을 보냅니다. 처음엔 3~4개에서 문구를 늘려갑니다.

나는 나 자신을 사랑합니다.
내가 화냄에서 벗어나기를….
내가 모든 고통에서 벗어나기를….

내 몸이 건강하고 강해지기를….

내가 행복해지기를….

내가 진정으로 행복해지기를….

내가 평화로워지기를….

나는 이 자비를 사랑하는 부모님께 보냅니다.

부모님이 어려움에서 벗어나기를….

부모님이 고통과 슬픔에서 벗어나기를….

부모님이 건강해지고 행복해지기를….

부모님이 완전히 건강하고 행복해지기를….

그들이 평화로워지기를….

나는 내 형제들에게도 이 자비를 보냅니다.

그들이 슬픔과 화냄에서 벗어나기를….

그들이 모든 고통과 어려움에서 벗어나기를….

그들이 행복해지기를….

그들이 평화로워지기를….

나는 이 자비를 우리 반 아이들(선생님들)에게 보냅니다.

그들이 슬픔과 고통에서 벗어나기를….

그들이 화냄과 어려움에서 벗어나기를….

그들이 모두 행복해지기를….

그들이 평화로워지기를….
나는 사랑을 우리 학년(학교) 아이들에게 보냅니다.
그들이 고통, 슬픔, 절망에서 벗어나기를….
그들이 행복해지기를….
진정으로 행복해지기를….
그들이 평화로워지기를….

나는 모든 살아있는 것들에게 이 자비를 보냅니다.
모든 살아있는 것들이 행복해지기를… 평화로워지기를…
모든 살아있는 것들이 행복해지기를…
진정으로 행복해지기를…
모든 존재들이 평화로워지기를….

나는 마음을 열어 다른 사람들의 자비를 받아들입니다.
그 보답으로 내 마음에 자비를 가득 채웁니다.
이 자비 명상의 이익을 모든 이들과 나눕니다.

모든 존재들이 편안하고 행복해지기를….
모든 존재들이 편안하고 행복해지기를….
모든 존재들이 편안하고 행복해지기를….

> **진행 tip**
>
> 하기 힘들거나 싫어하는 아이들에게 명상을 억지로 시키지 마십시오. 하기 싫어하는 그 마음을 존중해 주시기 바랍니다. 교사인 우리는 물가까지 데려다주는 일을 해야 합니다. 물을 마시고 안 마시고는 오로지 아이들의 몫입니다.

③ 모둠 자비명상(10명 이내)

모둠원이 손을 잡고 둘러앉습니다. 모두 조용히 눈을 감고 마음속에 자비를 가득 채우겠습니다. 제일 먼저 자신에게 자비의 마음을 보내겠습니다. 내가 고통에서 벗어나기를… 내가 욕심과 성냄, 어리석음에서 벗어나기를… 내가 편안하기를… 행복하기를… 다음으로 지금 우리와 함께 있는 ○○에게 자비의 마음을 보내겠습니다. 마음속으로 자비의 마음을 보내겠습니다. 한 명이 끝나면 진행자가 한 명씩 이름을 부르고 나면 그 사람에게 자비의 문구를 마음으로 암송하는 것입니다. 이렇게 모든 구성원에게 자비의 마음을 보냅니다.

친구가 편안하고 행복하기를

학급에서 같이 생활하는 친구들에게 자비의 마음을 보냅니다. 그럼으로써 친구에게 좋은 마음, 자비를 보내는 감동을 느끼게 됩니다. 또 자비의 마음을 받는 사람은 자신이 존중받고 사랑받는 느낌을 가지게 되어 그 마음이 일상으로 연결됩니다. 아이들이 마음을 긍정적이면서도 고요하게 가꿀 수 있도록 합니다. 평소에 따뜻함과 사랑을 받아보지 못한 아이들에게 많은 힘과 활력이 됩니다.

진행 방법
- 먼저 자기 자신에게 자비를 보냅니다. 그런 다음 구성원 각자에게 자비를 보냅니다. 교사가 한 명씩 이름과 자비 문구를 불러주면 그 사람에게 함께 동시에 마음을 보냅니다.
- 교사를 포함하여 모든 아이들에게 자비의 마음을 보내고 나면 마칩니다.
- 명상이 끝나면 함께 소감을 나눕니다.

주의할 점
- 편안한 분위기가 되도록 합니다.
- 모든 사람에게 할 수 있을 정도로 충분한 시간을 줍니다.
- 교사는 아이들의 이름을 잊지 않도록 합니다.

진행 tip

행복은 멀리 있는 것이 아니라 지금 이 순간 느끼는 것입니다. 친구들에게 행복과 편안함을 바라는 자비명상을 보냄으로써 사랑이 충만함을 느낄 수 있고, 자비의 마음을 받음으로써 행복함을 경험하게 하여 긍정성을 높이는 명상입니다. 가끔은 여러 친구들의 사랑을 받아들이지 못해 일어서는 아이도 있습니다. 그럴 때는 가만히 두십시오. 사랑을 받은 적이 거의 없는 참 안쓰러운 아이일 확률이 높습니다.

　모든 사랑의 바탕은 자신에 대한 사랑입니다. 자비명상도 자신에 대한 사랑과 자비로 시작합니다. 타인에게서 받는 인정과 지지도 우리의 존재감을 향상시키지만, 스스로 자신을 인정하는 것 또한 아주 중요합니다. 그러나 우리들은 비교에 의해 자신을 받아들이기 때문에 자신을 있는 그대로의 소중한 존재로 파악하기가 어렵습니다. 그래서 이러한 활동이 필요합니다.

　칭찬을 함으로써 아이들의 자존감을 높이고, 아이들 스스로 자비명상을 통해 자신에 대한 사랑의 마음을 키우도록 가르쳐야 합니다. 그래서 아이들이 어떤 일이든 건강한 자신감으로 세상을 살아갈 수 있도록 해야 합니다. 이것이 불자 교사인 우리들이 아이들에게 줄 수 있는 선물입니다.

　부처님은 칭찬과 비난 둘 다에 흔들리지 말라고 하셨습니다. 그러려면 먼저 자신에 대한 건강한 존재감을 가지고 있어야 합니다. 그래서 자신을 긍정하는 명상을 하는 것입니다. 자신을 온전히 그대로 수용하고 인정한 후에는 칭찬이나 비난에 흔들리지 않게 됩니다.

5) 일정표 - 부록 6 참조

7 외국인을 위한 자비명상 프로그램

1) 한국 불교문화 체험의 진수

외국인들이 사찰에 머물고자 하는 이유는 명상 체험에 목적이 있기도 하지만, 짧은 기간 동안에 한국 문화를 경험하는 하나의 방법으로서 절을 택하는 경우가 많습니다. 따라서 템플스테이의 목적은 우리나라 사찰에서 이루어지는 활동을 짧은 시간 안에 경험하게 하는 데 있습니다.

사찰에서 스님의 일상으로 이루어지는 의식을 통해 불교를 접할 수 있는 기회를 가지고, 명상 시간을 통해서 마음의 고요함을 경험합니다. 그리고 부처님 오신 날에 쓰는 연등과 108염주를 만들어 봄으로써 우리나라 불교문화를 체험할 수 있습니다.

템플스테이를 통해 외국인들은 우리나라 사찰의 고전적이면서도 넉넉한 공간과 평온함, 명상을 통한 마음의 고요함, 연등 만들기나 단청 그리기 활동에서 독특한 한국 불교 예술을 접하는 기회를 가질 것입니다.

2) 전체 일정과 구성

첫째 날에는 처음 와 보는 한국 절이라 낯설 뿐만 아니라 언어 소통의 어려움이 있을 수 있습니다. 간단한 접수를 받고 사찰에 대한 전반적인 안내를 하고 나서 예불이나 절하는 방법 등 사찰에 머무르면서 해야 하는 활동에 대해 자세한 설명을 해야 합니다.

함께할 사람들에 대한 소개와 간단한 친분을 쌓는 활동이 끝나면 발우 공양을 합니다. 젓가락도 익숙하지 않은데 발우를 써야 하기 때문에 많은 시간이 걸릴 수 있습니다. 그런 다음 예불에 참가하게 됩니다. 법당 출입부터 방석 놓는 것, 앉는 방법 등에 대한 연습을 법당에서 하는 것이 좋습니다.

저녁에는 함께 모여 자신의 장점을 찾는 시간을 가집니다. 대부분은 영어를 쓰고, 진행하는 스님이 언어를 모르는 경우 통역이 있으면 됩니다. 자신의 긍정점을 찾는 시간이 지난 뒤 자신에게 보내는 자비명상을 하고 와선을 합니다.

둘째 날 새벽에는 108배를 경험하고, 새벽 숲을 걷는 명상과 좌선을 합니다. 짧은 시간이지만 명상으로 자신을 만나는 소중한 시간이 될 것입니다. 그리고 빗자루나 걸레로 청소를 함께 하는 울력의 경험이 있습니다. 단청 그리기나 연등 만들기를 하고 108염주를 만들어서 염불하는 경험을 하게 됩니다.

셋째 날에는 예불이나 108배, 명상은 전날처럼 계속 이어지고, 스님과 차를 마시는 시간을 가집니다. 차를 마신 뒤 마지막 프로그램으로 함께한 사람들에게 존중의 마음으로 3배를 올리는 절 명상이 있습니다.

3) 진행상의 유의점

외국인을 대상으로 하기 때문에 엄격한 절차를 따르기보다는 편안하면서도 독특한 경험을 할 수 있도록 진행하는 것이 중요합니다. 자기 소개와 친분을 쌓는 첫날에는 편안하고 가볍게 사찰 분위기에 익숙해지는 데 중점을 두고, 예불이나 발우 공양을 할 때는 의미와 바탕 철학을 이해하도록 한다. 단청을 그리거나 연등과 108염주를 만드는 활동은 즐겁게 함께 작품을 만들면서 자연스럽게 문화를 이해하는 기회를 제공합니다.

사찰의 숲 속을 걷는 명상 때는 자연과 어우러진 자신의 모습을 알아차리고, 좌선을 할 때는 산만한 마음을 고요하게 할 수 있는 시간이 되도록 하는 것이 좋습니다. 울력을 할 때는 스님들의 일상에 대한 안내가 필요합니다. 타인을 존중하는 절을 할 때는 절을 하는 목적이 존중과 자비의 마음이라는 것을 아는 것이 중요합니다.

4) 프로그램

(1) 문화 체험 프로그램

① 단청 그리기

한국 사찰의 법당은 새롭게 단청을 입히지 않은 채 옛날의 모습 그대로 보관되어 있는 것을 제외하고 대부분 단청이 되어 있습니다. 단청에는 노란색, 붉은 색, 푸른색, 흰색, 검은색의 5가지를 사용합니다. 다섯 가지의 색은 토·화·목·금·수의 5행을 상징하고 온 우주를 나타냅니다.

이번 시간에는 5가지 색으로 단청을 그려보는 시간을 갖겠습니다. 법당을 화려한 색으로 꾸민 이유는 부처님이 계신 보배로운 궁전이기 때문입니다. 우리나라에서 단청은 한국 건축의 화려한 특징으로 법당뿐만 아니라 여러 궁전에도 이와 같이 되어 있습니다.

오색 단청 이해

5가지 색깔로 단청 그림을 완성함으로써 단청을 하는 의미를 경험하고, 한국의 건축물에 많이 쓰인 오색을 이해하는 계기를 제공합니다. 문양을 그리면서 집중력을 기릅니다.

진행 방법

- 단청 문양과 오색의 물감을 준비합니다.
- 한 장씩 나누어주고 그림을 완성하게 합니다.
- 완성한 뒤에 벽에 붙이고 느낌을 이야기합니다.
- 그림을 그릴 때 일어난 생각이나 느낌을 이야기합니다.

주의할 점

- 작은 문양이므로 정성과 집중이 중요합니다.
- 그림을 그릴 때는 말하지 않고 그림에만 집중하게 합니다.

② 연등 만들기

『설일체유부경』에 따르면 부처님 당시 '아사세' 왕이 기원정사에서 부처님께 법문을 청해 들을 때 동참한 제자들이 기름 등불을 켜서 법회 자리를 밝히는 데서 유래했다고 합니다.

이때 난타라는 한 가난한 여인이 많은 사람들이 기름등불 공양을 올리는 것을 보고, 자신도 공양을 올리고 싶었으나 가진 것이 없어서 자신의 머리카락을 잘라 팔아서 불을 밝혔습니다.

밤이 지난 뒤 아침이 되어 다른 모든 불은 꺼졌으나 난타의 불은 꺼지지 않고 밝게 타고 있었습니다. 아난과 목건련 존자가 이를 보고 부처님께 여쭈니 부처님께서는 "이 등불은 지극한 정성과 큰 원력을 가진 사람이 밝힌 등불이기 때문에 꺼지지 않는다."고 말씀하셨다고 합니다.

연등은 진흙 속에서도 물들지 않는 연꽃 모양의 등입니다. 한국에서는 부처님 오신 날 각 사찰에서 연등을 밝히고 부처님 오심을 축하하고, 자신의 소원과 인류평화가 이루어지기를 기원합니다.

지금부터 온 정성을 다해 연꽃등을 만들어 보겠습니다.

연등공양의 의미

자신의 머리카락을 자르면서까지 부처님께 공양을 올린 난타의 지극한 정성을 생각하며, 자신이 직접 연등을 만들어서 부처님께 공양하고, 자신의 서원이 이루어지기를 기원합니다. 등을 만들면서 연등을 올리는 의미를 되새기고, 한국의 부처님 오신 날 문화를 체험하며, 함께 연등을 만들면서 친분이 쌓이게 됩니다.

진행 방법

- 연꽃잎을 붙일 철사 등을 준비합니다.
- 등에 창호지를 바르고 난 뒤 말립니다.
- 손에 풀을 붙여 연꽃잎 끝을 말아 올립니다.

- 말아 올린 연꽃잎 반대편 부분에 풀칠을 하고 그것을 창호지를 바른 연등에 붙입니다.
- 손잡이가 아래로 가도록 하고, 속등을 바닥에 두고 위에서부터 연꽃잎을 붙여 내려옵니다.
- 초록색 잎을 끝에 붙인 뒤 풀이 마를 때까지 그대로 둡니다.

주의할 점
- 연등을 만드는 모든 과정에 참여해 보도록 합니다.
- 한 사람이 등을 하나씩 만들어 가지고 가게 합니다.
- 작은 컵등을 만드는 것도 좋은 방법입니다.

③ 108염주 만들기

염주는 부처님을 생각하는 구슬로 손으로 한 알씩 돌리면서 집중하게 됩니다. 108개를 기준으로 염주라 부르고 손목에 차는 짧은 염주를 단주라고 합니다. 108개를 기준으로 삼는 이유는 중생의 번뇌가 108가지이기 때문입니다.

108염주는 108배 자비명상을 하거나 염불을 할 때 사용하는 것입니다. 염주 알은 보리수 열매나 향나무, 대추나무 등 여러 가지로 만듭니다. 오늘은 보리수 열매로 염주를 만들어 보겠습니다. 정성껏 만들어서 가지고 가시기 바랍니다.

108염주 만들며 108번뇌 끊기

　108개가 상징하는 의미와 염주가 불교에서 어떤 도구로 쓰여지는지에 대한 이해를 합니다. 염주를 자신이 직접 만들어 보는 과정을 통해 즐겁게 활동에 참여할 수 있고, 불교에서 번뇌를 끊는 의미를 되새겨보는 기회를 제공합니다.

진행 방법
- 염주 알과 줄을 준비합니다.
- 줄에 염주 알을 하나씩 정성껏 끼웁니다.
- 염주가 완성되면 사찰에서 많이 하는 염불을 합니다.
- 모두 끝난 뒤 느낌을 나눕니다.

5) 일정표 – 부록 7 참조

명상의 창 _ 어린이 자비명상

자신과 남을 칭찬하는
우리가 되자.

세종대왕이나 이순신 장군이 살았던 시대는 나라 이름을 '조선'이라고 불렀습니다. 조선이라는 나라를 세운 사람은 태조 이성계입니다. 태조 이성계는 무학 대사라고 하는 그 당시에 유명했던 스님과 친하셨습니다. 두 분은 자주 만나서 이야기를 나누었습니다.

어느 날 두 분이 서로 만나 이야기를 나누던 중 태조 이성계가 스님께 농담을 하였습니다.

"대사, 대사께서는 돼지를 닮으셨습니다."

라고 하니 무학 대사가

"허허, 전하께서는 부처님을 닮으셨습니다."

그러자 이성계가 무학 대사가 자신의 농담을 받지 않자,

"허허, 농담 좀 하자니까 왜 또 괜히 그런 말을 하십니까."

그러니 무학 대사가 하는 말.

"돼지 눈에는 돼지만 보이고, 부처님 눈에는 부처님만 보이는 법입니다."

라고 말씀하셨답니다.

무학 스님은 여러분이 친구의 단점을 보고 다른 친구들에게 나쁜 말을 하거나 따돌림을 시키는 행동을 하면, 여러분이 단점이 많은 사람이라는 말씀을 하시는 것입니다. 반대로 친구들의 좋은 점을 이야기하고 힘들 때는 도와주는 어린이는 예쁘고 장점이 많은 친구랍니다.

나랑 똑같은 모습을 하고 말을 하는 사람은 세상에 나 혼자뿐입니다. 내가 세상에서 1등인 것입니다. 그리고 꼴찌이기도 합니다. 무학 스님이 말씀하신 것은 나를 1등이라고 생각하면 다른 친구들도 1등으로 보이고, 나를 꼴찌라고 생각하면 친구들도 꼴찌로 보인다는 것입니다.

여러분은 자신이 1등이라고 생각합니까? 꼴찌라고 생각합니까? 친구를 1등이라고 생각합니까? 꼴찌라고 생각합니까?

부처님께서는

"사람은 모두 이 세상에서 가장 존귀한 1등이다. 그래서 다른 사람들도 모두 1등이니까 소중하게 존중해야 한다"고 말씀하셨습니다.

수련기간 동안에 우리는 모두가 세상에서 가장 소중한 1등인 이유를 찾아갈 것입니다. 잘 찾기 위해서 여러분은 자신과 친구의 장점을 많이 발견하고 찾아내야 합니다. 시작해 볼까요?

8 어린이 자비명상 프로그램

1) 사찰은 즐겁고 편안한 곳

어린이 자비명상의 목적은 무엇보다도 사찰이 편안한 공간으로 익숙해지는 것입니다. 사찰의 규칙을 강요하거나 예절을 지킬 필요도 있지만 아이들은 엄숙하고 고요한 분위기에 적응하기 어려워합니다. 아이들에게 절은 편안하게 쉬고 놀 수 있는 곳으로, 스님은 친구이자 자신들을 도와주는 사람이면서 스승이어야 합니다.

자비명상에서 자신의 감정을 표현하여 해소하고, 놀이로 친구들을 사귀는 상담 프로그램을 통해 아이들은 사찰을 친숙하고 즐거운 곳으로 받아들일 것입니다. 한편으로 하기 힘든 108배 자비명상과 발우 공양을 하면서 자신감을 가지게 되고, 자신과 가족, 친구를 긍정하는 자비명상을 통해 자비로운 어른으로 성장할 씨앗을 마음에 지니게 될 것입니다.

2) 전체 일정과 구성

한글로 된 예불문으로 아침과 저녁에 예불에 참석하고, 아침에는 108배 자비명상을 함께합니다. 그리고 저녁에는 범종을 치는 경험을 합니다. 아침과 저녁 식사는 발우 공양으로 하며, 이틀째 저녁에는 함께 밥을 비벼먹는 떼발우 공양을 합니다.

상담 프로그램으로 첫째 날에는 별칭으로 자기를 소개하고, 친구들과 친분을 쌓는 활동을 하고 난 뒤, 자신의 장점을 찾아서 이야기하는 나 긍정명상을 합니다. 둘째 날에는 감정을 표현하고 해소하는 시간을 가지고, 협동화를 그리거나 찰흙으로 만들기를 합니다. 그리고 밤에는 가족의 장점을 찾는 가족 긍정명상을 합니다. 마지막 날에는 함께한 친구를 존중하고 자비를 보내는 마음으로 3배를 합니다.

아이들의 특성을 살려 활동 게임을 많이 하고, 상담 프로그램에서는 놀이 중심으로 했으며, 자비명상은 자신과 가족, 친구들에 대한 존중하는 마음이 생기게 하는데 중점을 두었습니다. 사찰 의식은 아이들이 할 수 있는 범위 내에서 힘든 수행을 자신이 해냈다는 자신감을 가지는 데 초점을 둡니다.

3) 진행상의 유의점

사찰 의식은 정확한 형식과 절차보다는, 108배 자비명상과 발우 공양을 한 아이들이 자신감을 가질 수 있도록 합니다. 상담 프로그램 중에는 아이들에게 충고나 조언을 하기보다는 감정을 솔직하게 표현할 기회를 주고, 친구들과 함께하는 활동을 통해 협동심을 기르는 데 중점을 둡니다. 그리고 "놀이에 적극적으로 참여하여 즐겁게 노는 시간을 많이 가진다. 잘 노는 아이가 건강한 아이다."라는 말을 기억하시기 바랍니다.

4) 자비명상 프로그램

(1) 사찰 의식 프로그램

아이들이 친숙하고 편안하게 사찰의 행사나 의식에 참여할 수 있도록 진행하여야 합니다.

108배 자비명상과 발우 공양은 자신의 인내를 키울 수 있는 기회가 되는 것이 좋으며, 명상은 길고 어렵게 접근하는 것보다는 짧은 시간 동안 편안함을 느낄 수 있게 구성합니다.

① 예불

한글로 된 예불문을 사용하고, 형식이나 의식에 중점을 두기보다는 부처님께 절한다는 것에 초점을 두어야 합니다. 한글로 풀어썼다고 해도 아이들에게는 여전히 어렵습니다. 법당에서 스님들과 함께 부처님을 보고 예불을 드리는 것만으로도 아이들은 불교에 친숙하게 다가설 수 있습니다. 그것만으로도 충분합니다.

② 108배 자비명상

아이들에게 108배 자비명상이 가진 의미는 부처님을 존중하거나 자신에게 절을 한다는 의미보다는 20여 분의 시간 동안 힘든 절을 중간에서 멈추지 않고 계속하여 자신을 이기고 인내심을 기르는 것입니다. 그것으로 아이들에게는 충분하다고 봅니다. 더 욕심을 낸다면 절을 하면서 어떤 싫은 마음들이 올라오는지 그리고 그 때는 어떻게 하는지 생각을 알아차려 보라고 말하는 것입니다.

③ 명상

눈을 감고 가만히 앉아있는 것만으로도 아이들은 괴로워하고 싫어합니다. 이 때 바른 자세를 요구하기보다는 아이들 수준에서 할 수 있는 것을 제시하는 것이 좋습니다. 자비명상은 아이들도 쉽게 할 수 있는 명상인데, 처음에는 1분도 못 견뎌서 몸을 뒤트는 아이들이 횟수가 많아지면 10분 정도는 편안하게 앉아서 자신과 가족, 친구들에게 자비명상을 보냅니다. 강제로 하기보다는 조금씩 시간을 늘려가면서 아이들 스스로가 필요성을 느끼게끔 하는 것이 어떨까요?

④ 발우 공양

아이들은 인스턴트 식품과 패스트푸드에 많이 길들여져 있어서 채식 위주의 식사는 싫어합니다. 그래서 어느 정도의 육식은 아이들에게 제공하는 것은 괜찮다는 생각이 듭니다. 그러나 또 한편으로는 아이들의 식습관을 바꾸어 줄 좋은 기회이니 채식 위주의 식단을 제공하는 것도 고려해 봅니다.

어쨌든 아이들이 먹는 음식의 양을 스스로 조절해서, 남기지 않고 먹는 습관을 실천해 보는 발우 공양은 의미가 있다고 봅니다. 그러나 너무 엄격하게 아이들에게 적용하면 부작용이 생길 수도 있음을 기억해야 합니다.

> **진행 tip**
>
> 사찰 의식이 부처님의 가르침을 따르는 제자들이 공양을 올리는 중요한 의미가 있다고 할지라도 어린 학생들에게는 친숙하고 편안하게 다가가야 합니다. 아이들은 활발하고 밝게 움직이고 성장하고 있습니다. 어떻게 보면 항상 조용하고 차분한 아이들을 더 걱정해야 할지도 모릅니다. 그런 의미에서 아이들에게는 법당이나 사찰은 부처님과 놀 수 있는 공간으로, 스님은 아이들의 친구가 되고, 불교 교리나 의식은 강요되어서는 안 됩니다.

(2) 상담 프로그램

아이들이 적극적으로 자신의 불만이나 스트레스를 풀 수 있는 내용으로 구성하고, 부모나 형제들에게 쌓인 감정들을 적극적으로 표현하는 기회를 제공합니다. 그리고 아이들에게 중요한 친구들과 관계 맺는 방법을 자연스럽게 익히며 함께하는 기회를 많이 가지는 것이 좋습니다.

① 나를 즐겁게 하는 것들, 화나게 하는 것들

여러분은 어떨 때 기분이 좋고 즐겁나요? 화날 때는? 지금부터 어떨 때 화가 나는지, 기분이 좋은지를 나눠드리는 종이에 적어보도록 하겠습니다. 그림으로 나타내도 좋습니다. 솔직하게 표현하는 것이 좋겠죠? 시작해 볼까요.

감정 표현하기

화난 경험을 적고 표현함으로써 억눌린 감정을 표출하고, 즐거운 경험을 상기시켜 편안하고 즐거운 시간을 갖게 합니다. 또 다른 친구들의 화나고 즐거운 상황에 관한 이야기를 들으면서 친구를 이해하는 마음이 넓어지고 경험의 폭이 확장됩니다. 그리고 감정은 한꺼번에 폭발하는 것이 아니라 순간순간 자연스럽게 표현해야 함을 배웁니다.

진행 방법

- 먼저 화나게 하는 것들과 즐겁게 하는 것들을 표시하는 종이를 두 장 나누어 준 다음 글로 표현하거나 그림을 그리게 합니다.
- 모두 그리고 난 다음에 화나게 하는 것들에 대해서 모든 친구들이 이야기하고, 다음으로 즐겁게 하는 것에 대해서 이야기합니다.
- 화나게 하는 것들에 대해 이야기를 할 때는 호응을 해주고 화를 내 주며, 즐거운 이야기를 할 때는 함께 기뻐합니다.
- 마지막으로 평소에 화가 났을 때는 어떻게 하는지 서로 이야기를 나누고, 건강하게 화를 표현하거나 다스리는 방법에 대해 서로의 경험을 이야기합니다.
- 모두 끝나면 자기 자신이 화에서 벗어나기를… 자비명상을 합니다.

주의할 점

- 진행자가 아이들이 누구 때문에 화가 난다고 했을 때 그 사람의 입장을 이해해보라는 투의 충고를 하면 안 됩니다. 감정을 풀어낼 때는 온전히 그것에 집중하도록 합니다.
- 건강하게 화를 다스리고 푸는 방법을 스스로 찾아보는 시간을 갖도록 합니다. 조언이나 충고는 별로 도움이 되지 않습니다.

- 스스로 화를 다스리려고 했을 때 어떤 점이 어려웠는지를 이야기하게 합니다. 아이들도 자신의 화를 참으려고 나름대로 노력합니다. 칭찬해 주세요.

준비물

나를 화나게 하는 것들 그림 1장. 나를 기분 좋게 하는 것들 1장. 연필이나 크레파스.

진행 tip

아이들은 부모나 교사, 사회가 정한 기준대로 살아가도록 강요받는 경우가 많습니다. 그렇기 때문에 아이들은 순간순간의 감정이나 행동에 의해 움직이지 못합니다. 그리고 학력을 추구하는 우리나라 교육 현실은 아이들의 놀이까지도 빼앗아 버렸습니다. 그래서 아이들은 성장에 필요한 동력을 친구와의 갈등을 통해서 해결하지 못하게 되고 나아가 부적절한 때와 장소에서 충동성이나 공격성이 폭발적으로 나타납니다.

아이들의 감정을 표현할 수 있는 건강한 기회를 주게 되면 아이들이 얼마나 많이 억눌려 있으며, 고통을 받고 있는지 놀랄 것입니다.

② 협동화 그리기

지금부터 전지에 그림을 그리도록 하겠습니다. 그리고 싶은 대로 그리면 되겠습니다. 사용하고 싶은 색으로 자기 마음대로 그리되 말을 하지 않고 그림을 그리도록 하겠습니다. 그림이 완성되면 모둠원들이 손을 들어주기 바랍니다.

모둠별로 전지에 그림을 그리겠습니다. 이번에는 친구들끼리 서로 의논해서 그림을 그리도록 합니다. 의논이 끝난 다음에 서로 이야기하면서 그림을 그립니다.

친구들과 함께하는 기쁨

내부의 감정이나 욕구를 그림을 통하여 자유롭게 표현하게 합니다. 함께 그림을 완성하면서 친구들에게 느꼈던 생각이나 기분을 표현하는 기회가 되고, 친구들과 협동하는 것을 배웁니다.

그리고 친구들과 함께할 때 자신의 모습이 적극적인지 소극적인지 알 수 있습니다.

진행 방법

- 3명에서 4명이 한 모둠이 되게 나눕니다.
- 각 모둠에 전지 한 장과 크레파스를 줍니다.
- 말하지 말고 자신이 그리고 싶은 그림을 그리도록 합니다.
- 완성되면 그림을 벽에 붙이고 전체 앞에서 모둠 별로 자신의 이야기를 합니다.
- 모둠 발표가 끝나고 나면 참가자들이 고치고 싶은 부분을 고칩니다.

- 모든 활동이 끝나면 느낌을 이야기합니다.
- 모둠 별로 의논을 하고 난 뒤에 그림을 그리고, 그리면서도 말하면서 그리게 합니다.
- 그리고 난 뒤 모둠에서 한 명이 이야기합니다.
- 모둠 이야기가 끝나면 그림을 고치고 싶은 다른 참가자들이 자유롭게 고칩니다.

주의할 점
- 그림에 열등감을 가진 친구들이 그림을 즐겁게 그리도록 하며, 잘 그리는 것보다는 정성을 다해서 그리는 것이 중요하다고 설명합니다.
- 모둠의 이야기가 끝나고 난 뒤에는 다른 모둠의 그림을 자신이 고치고 싶은 대로 고치되 왜 그렇게 하였는지 설명을 합니다.

준비물
전지, 크레파스나 색연필, 싸인펜 등.

> **진행 tip**
>
> 그림을 잘 그려야만 된다는 생각을 가진 아이들은 처음에 어려움을 겪기도 하지만, 함께 그림을 그리면서 자신의 생각과 고집을 수정하거나 친구들과 마음이 하나로 통하는 경험도 하게

> 됩니다. 아이들이 즐겁게 그림 그리기에 참가하고, 함께 하나의 주제의 그림을 완성해 가는 모습을 보는 것만으로도 기쁘고 웃음을 짓게 합니다. 즐겁게 참여한다면 어떤 형식에 얽매일 필요는 없습니다.

③ 가족에게 불만 있어요

여러분이 매일 매일 생활하는 가족들은 어떤 분들인가요? 어떤 점이 여러분과 맞지 않나요?

엄마, 아빠, 동생, 형, 누나는 어때요? 어떨 때 잘 싸워요? 이번 시간에는 여러분이 가족들한테 가지고 있는 불만에 대해 말하는 시간을 가지려고 해요. 잘 생각해 보고, '이런 점은 불만이다.'라고 생각되는 것은 종이에 적어 보세요. 가족 모두를 한꺼번에 하지 말고 한 사람씩 나누어서 적어 봐요. 불만과 함께 '이렇게 바꿨으면 좋겠다' 하는 것도 함께 적어 보세요.

갈등 표출로 가까워지기

함께 생활하는 가족들과의 갈등을 자유스럽게 표현함으로써 감정이 정화되고, 가족에 대해 생각해 보는 시간이 됩니다. 다른 친구들의 이야기를 들으면서 공통점을 발견하고 자신만 그렇지 않다는 걸 알게 됩니다. 그리고 차이점을 발견하면서 서로를 이해하는 폭이 넓어집니다.

진행 방법

- 가족 각자에 대해 불만사항이나 바라는 점을 적습니다.
- 다 적고 난 뒤 가족별로 이야기합니다. 엄마에 대한 불만을 참가한 아이들이 돌아가면서 이야기하고 다음에는 아빠에 대해서 말합니다. 이런 식으로 가족 구성원들에 대한 불만이나 바라는 점을 이야기합니다.
- 그리고 난 다음에는 가족들 각자가 참가한 그 아이에게 바라는 게 무엇이고 불만이 무엇인지 말해 보게 합니다.
- 모든 이야기가 끝나면 '자신과 가족이 행복해지기를…' 바라는 자비명상을 합니다.

주의할 점

- 불만을 이야기하거나 바라는 걸 말할 때 충고하지 않습니다. 그 때는 부모님의 입장에 대해 이야기하는 것이 역효과를 냅니다.
- 불만을 모두 이야기하고 난 다음에, 그러면 가족들은 '너에게는 무엇이 불만일까?' 라고 자연스럽게 물으면 자신의 모습을 보게 됩니다.
- 어떠한 경우든 감정을 해소하는 자리에서는 충고하지 말고, 감정이 해소된 다음에 편안해지면 다른 사람의 입장도 있음을 넌지시 묻습니다. 이때도 훈계는 아무 효과가 없습니다.

준비물

- 종이, 연필.

> **진행 tip**
>
> 부모나 형제, 자매들과 겪는 가족간의 어려움을 표현함으로써 아이들은 자신뿐만 아니라 다른 친구들도 가정에서 어려움을 겪고 있다는 것을 경험하게 됩니다. 얄미운 동생이 있고, 때론 차별을 받기도 하며, 억울한 부모님의 야단과 벌을 경험하고, 가끔은 집을 나가고 싶은 마음이 드는 친구들이 있다는 이야기를 듣고 안심합니다.

④ 찰흙으로 마음 만들기

지금부터 눈을 감고 앉아서 찰흙으로 만들기를 하겠습니다. 말을 하지 말고 찰흙을 만질 때 느껴지는 감촉을 기억하고 친구의 등에서 전해지는 따뜻함도 기억하시기 바랍니다.

마음 드러내기

친구에게서 찰흙으로 만든 선물을 받음으로써 자신을 객관적으로 이해할 수 있게 됩니다. 자신의 감정을 찰흙으로 표현함으로써 내면과 접촉합니다. 표현하기 힘들었던 자신의 부분을 만나고 상대방에게 관심을 가지게 됩니다. 직접 자신에게 선물을 함으로써 자신을 소중히 여기는 마음을 갖게 되고, 타인에게 선물을 함으로써 자신의 마음을 친구에게 표현할 기회가 됩니다.

　　진행 방법
　　– 수건으로 눈을 가리고 찰흙을 잡습니다.
　　– 다음 5가지 방법 중의 하나를 선택합니다.

🌷 자신의 지금 기분을 찰흙으로 나타내기
– 지금 자신이 어떤 기분인지 찰흙으로 표현하게 합니다.
– 완성한 후에 친구들이 알아맞추는 게임을 하거나 자신이 설명하는 방법이 있습니다.

🌷 자기 자신에게 선물할 것 만들기
– 자신에게 스스로 선물하고 싶은 것을 만듭니다.
– 만든 후에 자신에게 선물하고 왜 그것을 선물했는지 이야기합니다.
– 선물을 받은 자신의 느낌을 이야기합니다.
– 자신에 대한 자비명상을 합니다.

🌷 상대방에게 선물하기
– 두 명이 한 조가 되어 등을 맞대고 앉습니다. 말하지 않고 상대방에게 주고 싶은 선물을 만듭니다.
– 만든 후에 선물을 주고 왜 그것을 주었는지 이야기합니다.
– 선물을 주고받을 때의 느낌을 나눕니다.

🌼 마음의 선물 하기

- 선물을 하고 싶은 사람을 떠올립니다.
- 그 사람에게 주고 싶은 것을 찰흙으로 만듭니다.
- 만든 후에 누구에게 어떤 선물을 주고 싶은지 이야기합니다.
- 역할극으로 실습해도 좋습니다.

🌼 함께 만들기

- 두세 명이 한 팀이 되어 함께 찰흙으로 만들기를 합니다.
- 무엇을 만들지 의논하거나, 말없이 만드는 방법이 있습니다.
- 완성된 후에 각자 자신의 부분을 발표하거나, 한 명이 모둠 전체 이야기를 합니다. 모둠 발표가 끝나면 질문을 하고, 고치고 싶은 부분이 있으면 다른 팀이 고칠 자유를 줍니다.
- 작업이 끝난 후 자신이나 타인에게 느꼈던 감정을 나눕니다.

주의할 점

- 말을 하기보다는 손이 닿는 감각의 느낌을 중요시합니다.
- 찰흙이나 지점토 모두 괜찮습니다.
- 눈을 감았을 때 느껴지는 감정을 관찰하고, 시각 장애인을 생각하는 기회가 되며, 신체 기관이 건강함에 감사하는 마음을 갖도록 합니다.
- 선물하는 것이 꼭 물건이 아니어도 됩니다.
- 마음이 불편한 사람에게 선물을 할 때는 자신의 마음을

정화시키는 방향으로 가는 것이 좋습니다. 용서나 사과를 하는 기회를 제공합니다.

준비물

찰흙·지점토, 손수건·수건, 신문지, 손을 적실 약간의 물.

진행 tip

> 찰흙은 아이들이 좋아하는 것 중의 하나입니다. 느낌대로, 마음과 손이 가는 대로 자유롭게 표현하라고 하면 아이들이 큰 소리로 웃을 것입니다. 아이들은 스스로 자랄 수 있는 힘이 있습니다. 아이들이 잠재력을 키울수 있도록 기회를 주고 기다려 주는 어른, 아이들을 있는 그대로 인정하고 받아들일 수 있는 용기를 가진 어른이 많을수록 아이들의 웃음은 더 많아질 것입니다.

(3) 명상 프로그램

자신의 장점을 적극적으로 표현할 기회가 되는 '나 긍정명상'과 가족에 대한 고마움을 표현하고 특징을 찾는 '가족긍정명상', 함께한 친구들과 존중의 마음을 절로 주고받는 '절 자비명상'은 일반인 자비명상과 같은 방법으로 진행됩니다.

5) 일정표 – 부록 8 참조

명상의 창 __ 청소년 자비명상

내가 만든 마음의 틀

"손으로 디카를 한번 만들어 보세요. 스님 얼굴만 클로즈업해서 찍고, 다음엔 좀 더 넓게 해서 찍어 보세요. 이번에는 배경이 모두 보일 때까지 넓혀 보세요.

여러분이 만든 디카 틀에 따라 보이는 영역이 모두 달랐습니다. 틀을 작게 만들면 좁게 보이고 넓게 만들수록 다양하고 넓게 보였습니다. 여러분이 가진 마음의 틀도 마찬가지입니다. 자신이 좁은 틀을 가지고 있으면 신경질이 많이 나고 공격적이 되며, 넓히면 친구의 단점보다는 좋은 점이 보이고 부모님이나 선생님을 이해하는 마음도 넓어지게 됩니다.

여러분이 가진 디카의 틀은 어느 정도의 넓이입니까?

청소년기에는 몸과 마음의 변화를 겪으면서, 부모와 갈등을 빚으면서 이 틀을 넓혀갑니다. 틀을 넓히기 위해서는 아픔과 고통이 일어납니다. 몸의 성장뿐만 아니라 수시로 바뀌는 마음의 변화는 본인이 감당하기 힘이 듭니다. 그래서 부모님이나 선생님 등 어른들과 갈등을 빚기도 합니다.

청소년기에 겪는 갈등과 변화 속에서도 반드시 기억해야 할 것은 이 세상에서

가장 소중한 것이 자신이라는 사실입니다. 자신이 마음에 들지 않거나 뜻대로 일이 잘 풀리지 않을 때라도 몸이나 마음으로 자신을 학대하거나 구박하는 일은 하지 말아야 합니다. 성장하는 과정에서 나타나는 어려움과 고통이므로 그것을 잘 지켜보고 다독거려 주어야 합니다. 스스로 자신을 격려하고 수용하고 기다려 줄 때 아픔과 고통은 서서히 사라지고 안정을 되찾게 될 것입니다.

그리고 가끔은 학교와 학원이라는 제한된 공간을 떠나 경험의 폭을 확장시켜 보십시오. 나와 다른 생각을 가진 친구들과 사람을 만나고 다양한 종교를 접해보시기 바랍니다. 그 과정에서 세상을 보는 디카의 틀은 넓어집니다. 사람과 세상을 보는 틀이 넓을수록 보다 많은 것을 볼 수 있고 친구들이 많으며, 행복하고 활기찬 생활을 할 수 있습니다.

이번 수련회도 여러분에게는 친구와 세상, 불교에 대한 틀을 넓힐 수 있는 좋은 기회가 될 것입니다. 순간순간 치열하고 열정적으로 알을 깨보는 용기를 가지길 바래요.

9 청소년 자비명상 프로그램

1) 주인공으로 살아가기

학력 위주의 사회 풍토에서 청소년들은 학교나 집에서 공부만 하는 사람으로 취급받는 경우가 많습니다. 그래서 청소년의 성격이나 인간적인 성장 등에 관심을 가지기보다 결과적으로 나타나는 성적에 관심을 가지고, 성적은 개인을 평가할 때의 중요한 기준이 됩니다. 그 속에서 청소년들은 자신의 진로를 찾거나 내면을 성숙시키거나 하는 정체감을 형성하기보다는 학교나 사회에서 평가에 길들여지게 됩니다. 이런 요인으로 인해 청소년의 문제 행동은 다양해지고, 학교 폭력 문제는 심각해지는 것입니다.

이에 본 프로그램은 청소년들이 상담캠프를 통해 학교생활에서 쌓인 스트레스를 해소하고, 자신의 장점을 발견하며 예불이나 108배 등의 사찰의식 속에서 마음의 편안함을 얻을 수 있도록 구성하였습니다. 따라서 각 프로그램에서 자신에 대한 자비명상을 함으로써 자신을 존중하고 사랑할 수 있는 힘을 길러 상담캠프에 참가한 청소년들이 일상생활에서 좀더 주체적이고 건강한 삶을 살아가는 데 도움이 되도록 하였습니다. 또한 핵가족에 익숙한 청소년들이 친구들과의 협동경험을 하도록 울력 시간에 일을 체험하도록 하였습니다.

2) 전체 일정과 구성

청소년 자비명상 프로그램은 예불, 108배 등의 간단한 사찰의식 프로그램과 친분을 쌓거나 자신과 가족을 돌아보는 상담 프로그램, 그리고 청소년을 대상으로 하는 울력 체험 학습 프로그램으로 구성되었습니다.

사찰 의식은 간단한 의식으로 구성되어 있고, 108배는 종교적인 의미보다는 자신에 대한 도전이나 존경을 강조하면서 진행하는 것이 효과적일 것입니다. 상담 프로그램은 친분을 쌓는 활동과 자신과 가족, 친구들과 함께 하는 활동 중심으로 구성하였습니다.

일을 체험하는 울력 시간에는 사찰 주변의 논이나 밭에서 고추 심기나 김매기 등의 일을 하면서 성취감을 느끼고, 협동심도 가질 수 있는 농사 짓기 프로그램을 진행하거나 주변 환경을 고려한 일을 체험할 수 있도록 구성하였습니다.

프로그램으로 내면의 감정이 표출되고 난 뒤의 자비명상으로 마음을 진정시키고 맑게 할 수 있을 것입니다. 자비명상 대상은 나 → 가족 → 타인 → 환경으로 범위를 확대합니다.

첫째날에는 새로운 친구들을 만나서 친근감을 형성하는 것에 중점을 두었으며, 둘째 날에는 청소년들의 생활에 많은 부분을 차지하고 있는 가족관계를 살펴보고, 진행될수록 자신에 대한 관심으로 바뀌어갑니다. 그렇게 하여 셋째 날에는 자신을 만나고 고민하는 시간을 가짐으로써 정체감 형성에 도움을 주고, 마지막 날에는 자신과 타인을 존중하는 프로그램으로 마무리합니다.

3) 지도자

이 프로그램을 진행하기 위해서 우선 자비명상에 대한 경험이 있어야 합니다. 일정 기간 자비명상을 수련하여 자신에 대한 사랑과 타인에게 자비를 보낼 수 있을 정도의 준비가 되어야 합니다. 자비명상 경험이 없을 경우에는 자신을 사랑하는 마음이 있어야 하며 자신을 탓하거나 비난하지 않는 사람이어야 합니다.

아울러 상담 프로그램 진행과 참가 경험이 있어야 합니다. 상담 프로그램을 경험함으로써 청소년들이 프로그램 도중에 보이는 경험을 공감하거나 지지할 수 있으며 다양한 반응에 적절하게 반응할 수 있기 때문입니다.

4) 진행상의 유의점

청소년들과 프로그램을 진행할 때에는 무엇보다도 형식이나 절차보다는 즐겁고 신나는 것이어야 합니다. 그러기 위해서는 프로그램 자체에 매달리기보다는 순간순간 참가자들의 요구를 파악하여 융통성 있게 수정하는 것도 필요합니다. 함께하는 활동을 많이 하는 것도 좋은 방법입니다.

5) 자비명상 프로그램

(1) 상담 프로그램
① 자유롭게 놀자 - 욕하기
지금부터 욕하는 시간을 갖도록 하겠습니다. 욕쟁이의 연기를 하는 것이지요. 자신이 알고 있거나 들었던 욕을 해보겠습니다.

욕으로 마음 정화하기
욕은 하지 말아야 할 것이라는 틀을 가지게 되면, 누군가에게 욕을 듣거나 했을 때 대처가 힘들어집니다. 그리고 누군가를 욕하고 싶은 마음을 밖으로 드러냄으로써 마음의 정화가 되며, 욕으로부터 자유롭게 됩니다.

진행 방법
- 한 모둠에서 돌아가면서 욕 연습을 합니다.
- 한두 차례 연습이 끝나면 모두 일어나서 돌아다니면서 욕을 합니다.
- 어느 정도의 시간이 지나면 끝내고 마음 나누기를 합니다.

주의할 점
- 인원이 너무 많을 경우에는 몇 팀으로 나누어서 진행합니다.
- 되도록 큰소리로 욕을 하게 합니다.
- 소극적이거나 타인을 공격하지 못하는 사람들은 욕을 거의 하지 못합니다.

진행 tip

타인과 생활할 때 마음이 불편해지거나 화가 올라올 때가 있습니다. 이럴 때 대부분의 사람들은 참거나 타인에게 욕을 하게 됩니다. 이것은 자신에게도 타인에게도 좋은 행동은 아닙니다. 반대로 욕을 듣는 경우에는 기분이 상하거나 화가 납니다. 우리

> 가 욕으로부터 자유로우려면 욕을 단지 욕으로 받아들일 수 있어야 합니다. 욕하기 연습을 할 때 잘 하지 못하는 사람들의 경우에는 타인이 자신에게 하는 욕이나 꾸중에 감정이 상하는 사람들이 많습니다. 욕에 감정을 투사하는 것이지요. 편안하게 욕을 할 기회를 주십시오. 진행자가 욕에 마음이 걸려있으면, 프로그램 진행이 어렵습니다.

② 내가 살아온 시간들 - 인생 곡선

여러분이 살아온 시간은 얼마 되지 않지만, 행복했을 때와 불행했을 때가 있었을 것입니다. 그것을 곡선으로 나타내 보고 그것에 대해 여러 친구들과 이야기해보도록 하겠습니다.

삶의 희망 찾기

자신의 삶을 돌아봄으로써 자신이 어떤 일로 행복했고 슬펐는지 그 속에서 자신은 어떻게 살아왔는지를 살펴보는 기회를 가집니다. 어려움 속에서도 잘 살아왔으며 미래에도 희망을 발견할 수 있도록 합니다.

진행 방법

- 조용히 명상을 하고 난 후, 준비가 된 사람은 곡선을 그리도록 하고, 다 그린 이후에는 다른 사람들이 마칠 때까지 조용히 명상을 하도록 합니다.

- 모두 다 그린 후에는 자신의 인생곡선에 대해 이야기합니다.
- 전체적으로 소감과 마음을 나눕니다.

주의할 점
- 될 수 있으면 구체적으로 회상하도록 예를 들어가면서 안내합니다.
- 인생곡선을 설명할 때는 될 수 있으면 행복의 정점에 있는 부분들을 중심으로 설명하도록 합니다. 이렇게 함으로써 긍정적인 느낌과 희망을 가질 수 있게 됩니다.
- 궁금한 것들은 자연스럽게 질문할 수 있도록 하고, 반드시 대답할 의무는 없음을 주지시킵니다.
- 궁금증의 해소보다는 살면서 경험했던 긍정적인 경험들을 공유하는 데 초점을 두는 것이 좋습니다.

③ 용기가 없어서, 부끄러워서 못한 것들

이 시간에는 자신이 평소에 용기가 없거나 부끄러워서 하지 못한 것들에 대해 이야기해 보는 시간입니다. 잘 생각해보십시오. 어떤 일을 하고 싶은 마음은 있으나 망설였던 적은 언제였습니까?

용기로 활력 찾기

청소년에게 필요한 도전을 하려는 용기를 점검해 봄으로써 일상생활에 활력을 주고 여러 친구들도 자신과 똑같이 힘들어서 하지 못한 경험이 있다는 것을 알게 됩니다.

진행 방법
- 각자가 용기가 없거나 부끄러워서 하지 못한 일을 적습니다.
- 다 적은 후에는 자신의 이야기를 합니다.
- 전체적으로 소감과 마음을 나눕니다.

주의할 점
- 마음을 열어서 솔직하게 이야기하도록 안내합니다.

④ 내가 살아남아야 하는 이유

우리는 지금부터 여행을 떠나겠습니다. 어디로 여행을 가고 싶으십니까? 배를 타고 유럽으로 여행을 떠나보겠습니다. 여러 가지 놀이를 하면서 배를 타고 가는데, 바람이 심하게 불더니 비가 쏟아집니다. 그리고 보니 배가 엉망이 되어 버렸습니다. 구명조끼는 단 3개가 있습니다. 우리 중에 3명만 살 수 있습니다. 여러분이 살아야만 하는 이유를 말씀하십시오. 그리고 나서 구성원이 살릴지 말지를 결정하겠습니다. 많은 사람이 살리기를 바라는 사람 3명이 남도록 하겠습니다.

자기 점검의 계기

자신이 살아야만 하는 이유를 대면서 평소 자신의 모습을 점검해 봅니다. 그리고 자신에 대한 사랑이나 신뢰감을 점검하는 기회도 됩니다. 또 자신에게 가장 소중한 것이 무언인지 발견할 수 있습니다.

진행 방법

- 자신이 살아야만 하는 이유를 말하면, 나머지 구성원들이 살릴지 말지를 결정합니다.
- 살려야 한다는 의견을 가장 많이 받은 3사람이 남게 됩니다.
- 끝나고 소감을 나눕니다.

주의할 점

- 실제 상황처럼 연기를 잘해야 합니다.
- 살아야만 하는 이유를 댔을 때 구성원이 살릴지 죽일지를 결정하도록 합니다.
- 좀더 적극적으로 자신이 살아야 할 이유를 대도록 합니다.

6) 일정표 - 부록 9 참조

모든 사랑의 바탕은 자신에 대한 사랑입니다.

자비명상도 자신에 대한 사랑과 자비로 시작합니다.

타인에게서 받는 인정과 지지도 우리의 존재감을 향상시키지만,

스스로 자신을 인정하는 것 또한 아주 중요합니다.

그러나 우리들은 비교에 의해 자신을 받아들이기 때문에

자신을 있는 그대로의 소중한 존재로 파악하기가 어렵습니다.

그래서 이러한 활동이 필요합니다.

명상의 창 __ 대학생 자비명상

내 마음 바로 보기

　　자신의 마음을 바로 보기 위해서는 자신에게서 일어나서 사라지는 느낌, 생각, 마음의 변화를 알아차리고 그것을 표현하거나 받아들일 수 있어야 합니다. 그리고 자신을 사랑하고 존중하는 마음을 가져야 합니다. 자신을 사랑하고 인정하는 마음은 세상을 살아가는 데 가장 중요한 바탕이 됩니다.

　　그리고 친구, 부모님, 가족 속에서 내가 어떤 모습으로 살아가고 있으며, 가족에게 나는 어떤 존재인지, 부모님은 여러분의 삶에 어떤 영향을 끼치고 있는지를 새롭게 해석해 보아야 합니다. 이로 인해 친구와 가족, 부모님과의 관계 속에서 존재하는 자신을 바라볼 수 있게 됩니다.

　　자신을 지금 그대로의 모습으로 수용하고 사랑하기 위해서 많이 울고 크게 웃어 보아야 합니다. 마음이 가는 대로 하시기 바랍니다. 자신이나 다른 사람의 눈치를 보지 말고 그 순간의 감정에 충실해 보시기 바랍니다. 그것이 자신에게 줄 수 있는 최상의 선물입니다. 그러고 나서 조용히 자신을 바라보는 명상의 시간을 가지시기 바랍니다. 그 때 마음이 지쳐 있다는 소리를 낸다면 휴식과 여유를 주십시오. 자신만이 마음을 바로 바라볼 수 있으며 치유할 수 있습니다.

　자신에 대한 긍정명상을 하십시오. 여러분에게 있는 능력과 장점을 찾아 스스로 인정하고 수용하시기 바랍니다. 타인에게 인정받고 수용받는 것보다 더 중요한 것은 스스로 자신을 사랑하고 인정하는 것입니다. 여러분은 지금 그 모습 그대로 소중하고 귀한 존재입니다.

　관계 속에서 살아가는 자신을 바로 보기 위해서 부모님과 가족, 친구 등 삶에 영향을 끼치는 이들에 대해 깊이 생각해 보십시오. 그들은 여러분의 삶에 어떤 도움을 주고 있습니까? 자신의 마음을 열고 타인의 마음을 받아보십시오.

　혹여 부정적인 감정이 올라오는 대상이 있다면 그를 향해 내면에서 올라오는 솔직한 목소리를 밖으로 표현해 보십시오. 미워하고 분노하는 그 마음 그대로 열정을 다해 표출해 보시기 바랍니다. 마음에 꼭꼭 눌러두었기 때문에 매우 강한 것처럼 보이지만 밖으로 나오면 힘이 약해지면서 사라집니다.

　내 마음을 바라보기 위해서는 마음에서 일어나는 것을 그대로 보아야 합니다. 부정적인 것이라고 거부하고, 좋은 것은 쑥스러워서 미뤄두게 되면 마음을 바로 보기가 힘듭니다. 일어나는 무엇이든 그대로 지켜보시기 바랍니다. 그것이 나를 찾아가는 여행의 출발 지점입니다.

10 대학생
자비명상 프로그램

1) 삶과 진로에 대한 열쇠 찾기

본 자비명상에서는 자신에 대한 자비로움을 가로막는 부정적인 마음과 경험을 풀어내는 자비명상 프로그램과 감정과 느낌을 자각하고 표현하는 상담 프로그램이 사찰 의식과 함께 진행됩니다. 이를 통해 자신의 정체감을 형성하고 삶이나 진로에 대한 실마리를 찾기 바랍니다.

자비명상을 하는 동안 자신을 자비와 사랑으로 가득 채우는 데 최선을 다하고, 상담 프로그램을 할 때는 자신의 느낌과 감정에 충실하도록 프로그램이 구성되어 있습니다. 그리고 부모님에 대한 감사함을 표현하는 장도 마련되어 있습니다. 또 성냄을 다스릴 수 있는 시간과 자신의 진로에 대해 고민해보는 시간도 있습니다.

2) 전체 일정과 구성

첫째 날에는 친구를 만나고 서로 소개를 하는 시간과 자신에 대해 친구에게 이야기하는 시간이 있습니다. 그리고 프로그램 동안 자신에게 깨어있기 위해 몸과 마음 바라보기에 대한 연습이 있습니다. 둘째 날에는 자기 긍정명상으로 자신감을 기르고, 자신의 진로와 삶에 대해 고민해 보는 시간을 가진 뒤 부모님을 다시 생각해 보는 시간을 갖게 됩니다. 저녁에는 유서 쓰기가 있습니다. 마지막 날에는 함께한 친구들을 존중하는 절 명상이 있습니다.

3) 진행상의 유의점

자신에 대해 진지하게 생각해 보는 시간을 갖도록 하고, 프로그램이 끝날 때마다 명상으로 이어지도록 합니다.

4) 자비명상 프로그램

(1) 몸과 마음 바라보기 - 내 마음 바라보기 교재 인용

자비명상 프로그램을 경험하는 이유는 일상생활에서 명상을 생활화하는 데 도움을 주기 위해서입니다. 그런 점에서도 명상에 도움이 되는 활동을 하여야 합니다. 그것이 몸, 느낌, 마음의 변화를 적는 느낌 노트의 활용입니다.

그러나 모든 프로그램에서 개인에게 일어나는 몸, 느낌, 마음의 현상을 지도자가 점검하는 것은 무리가 있습니다. 그래서 몸, 느낌, 마음 노트를 나누어 주고, 각 프로그램 경험에서 일어나는 주요 경험을 적게 합니다. 초기에 1회 정도 전체 점검을 한 뒤 구성원끼리 시간이 날 때마다 느낌을 나누게 하는 것이 좋으며, 이것이 일상생활에 이어지고, 나아가 명상으로 연결되어야 합니다.

① 프로그램명을 적고 ② 그 프로그램에서 자신이 경험한 것을 적은 후 ③ 그 과정에서 자신에게 일어난 몸, 느낌, 마음의 변화나 상황을 적으면 됩니다.

사례

프로그램명	새벽 숲길 걷기 명상
경험한 내용	스님이 앞장서서 걸으시고 뒤이어 줄을 맞춰서 산길을 올라갔다. 약수를 먹고 잠시 있다가 내려왔다. 눈을 뜨고 옆 사람의 길을 인도했다.
그 때 일어난 몸의 현상	처음에는 다리가 딱딱하게 굳어지더니 서서히 몸이 가벼워졌다. 약수를 마실 때는 목안에 차가움이 느껴졌고, 순간 몸이 떨렸다.
그 때 일어났다 사라진 느낌	새벽공기가 시원했으나 어두워서 무섭기도 했다. 발을 맞춰 걸을 때 느리게 걸어서 답답했다. 눈을 감고 내려올 때 넘어질까 봐 불안했고, 다른 사람을 인도할 때는 다칠까봐 조마조마했다.
그 때 일어난 마음의 변화	답답한 기분이 들면서 조급한 마음이 일어나면서 이 새벽에 무슨… 하면서 진행자를 원망하는 짜증이 일어났다. 내려오고 나서 방에 들어오니 상쾌해지면서 잘 갔다 왔다라는 마음이 들었다.
자신에 대해 알게 된 점	어떤 상황에서 내가 하고 싶지 않은 일을 당하는 경우에는 습관적으로 나 자신을 살피기보다는 다른 사람을 먼저 원망하는 내 모습이 보였다.

연습

프로그램명	새벽 숲길 걷기 명상
경험한 내용	
그 때 일어난 몸의 현상	
그 때 일어났다 사라진 느낌	
그 때 일어난 마음의 변화	
자신에 대해 알게 된 점	

(2) 구나, 겠지, 감사 명상

① 구나 : 나를 화나거나 짜증나게 했던 상황을 있는 그대로 기술한다.
② 겠지 : 화가 나게 했던 그 사람의 입장이 되어서 이유를 찾는다.
③ 감사 : 더 큰 일을 저지르지 않아서 그나마 다행인 상황을 적는다.

④ 예

구나	소리를 지르면서 감정을 폭발하는 구나.
겠지	쌓인 게 많겠지. 이해받고 싶겠지. 관심받고 싶겠지.
감사	자살하지 않아서 다행이다. 폭력을 휘두르지 않아서 다행이다.

⑤ 연습 하기:

구나	
겠지	
감사	

(3) 내가 살고 있는 삶, 내가 살고 싶은 삶

잠시 눈을 감아 보십시오. 지금 자신이 살고 있는 모습은 어떻습니까? 자신이 꿈꿔왔던 모습입니까? 자신이 마음에 듭니까? 마음에 들지 않는다면 그 이유는 무엇입니까? 어떻게 살고 싶었습니까? 미래에는 어떤 일을 하면서 살아가고 싶습니까?

어떻게 살 것인가

자신이 살고 있는 생활의 모습과 자신이 살고 싶은 삶이 맞는지를 살펴봄으로써 현재 자신의 모습을 점검합니다. 그리고 자신이 어떤 직업을 선택하고 살 것인지에 대해서도 고민하는 시간이 됩니다.

진행 방법
- 현재 자신이 살아가고 있는 모습 중에서 마음에 드는 모습과 들지 않는 모습을 이야기합니다.
- 그리고 자신이 살고 싶은 모습을 이야기합니다.
- 한 명씩 돌아가면서 이야기하고
- 모두 끝나면 소감을 나눕니다.

주의할 점
- 자신이 살고 싶은 삶을 직업과 연관시켜 봅니다.
- 현재 살아가는 모습이 마음에 안 드는 이유를 이야기하도록 합니다.
- 자신이 과거에 꿈꾸었던 삶은 어떤 모습이었는지 성찰할 기회를 줍니다.

(4) 부모가 내게 주는 긍정명상

앞에서는 내가 부모에게 긍정명상을 하였습니다. 이번에는 반대로 여러분이 생각하기에 부모님들은 당신의 긍정점이 무엇이라고 말씀하실 것 같습니까? 부모님이 여러분을 칭찬할 것이라고 생각되는 점을 적어보십시오.

부모님의 믿음과 사랑
자신이 부모님에 대해 어떻게 지각하는지를 알 수 있으며, 평소에 놓치고 있었던 부모님이 내게 주는 믿음이나 사랑을 기억하는 기회가 됩니다.

진행 방법
- 부모님이 자신을 칭찬할 것이라고 생각하는 것을 10가지 정도 적습니다.
- 다 적고 난 뒤 이야기합니다.
- 끝나고 소감을 나눕니다.

주의할 점
- 부모님이 자신을 칭찬할 것이라고 생각하는 이유를 말하게 합니다.

5) 일정표 – 부록 10 참조

명상의 창 __ 실버 세대 자비명상

 당신이 살아가야 할 삶

　마음에 내게 상처를 입힌 사람, 그 사람이 준 상처, 그 상처로 인해 생겨난 미움과 분노, 증오가 있습니까? 마음에 남은 상처는 시간이 흘러도 잘 없어지지 않으며 우리를 옭아매고 있으며, 더 커지기도 합니다.

　남은 생을 신명나고 행복하게 살아가려면 우리가 갖고 있는 미움과 분노, 상처를 녹여내고 버려야 합니다. 상처와 분노는 스스로에게 고통을 줍니다. 그 사람에 대한 분노를 해소하고 그로 인해 받은 상처를 스스로 어루만져 줌으로써 부여잡고 있던 고통을 놓아버리시기 바랍니다. 상처는 누가 치유해주는 게 아니라 스스로 치유하는 것입니다. 이렇게 될 때 자신을 깊이 사랑하게 되며 행복해질 수 있습니다.

　내가 상처를 준 사람, 내가 잘못했던 일, 그렇게 하지 말았어야 했던 후회되던 일이 있습니까? 할 수 있다면 직접 그 사람에게 용서를 구하고 사과해야 합니다. 그렇게 하지 못하면 마음으로 용서를 빌고 그 사람의 행복을 기원하십시오. 그리고 모진 마음으로 상처를 준 자신도 용서하십시오. 그 때는 그럴 수밖에 없는 사정이 있었을 겁니다. 꽁꽁 숨겨두었던 못된 마음을 꺼내어 그것과 화해하시기 바랍니다.

　다음에는 내 삶에 도움을 주었던 사람, 감사해야 할 사람들, 고마운 사람들이 있습니다. 그 사람들을 칭찬해 주고 당신을 위해 마음 내어 살펴준 아름다운 모습에

감사의 마음을 표현하십시오. 당연한 것처럼 여겨졌던 우리의 삶에는 많은 이들의 도움이 있었습니다. 그들에 대한 긍정명상으로 보다 넉넉한 마음을 가지십시오.

그리고 지금까지 살면서 잘했던 일들, 다른 사람을 도왔던 일들, 최선을 다했던 일들에 대해서 스스로를 칭찬하고 격려하십시오. 당신은 삶에서 일어난 많은 고통과 아픔을 최선을 다해 극복했습니다. 그래서 지금 이 자리에 있습니다. 힘든 삶을 이기고 지금 살아있다는 것만으로도 당신은 칭찬받기에 충분합니다. 삶에서 잘한 일들을 차근차근 떠올리고 그것에 대해 칭찬해 주십시오.

남은 시간에 상관없이 가장 소중한 것은 지금 이 순간입니다. 어제의 나는 더 이상 내가 아닐지도 모릅니다. 우리에게 있는 건 지금 여기뿐입니다. 지금까지 살아온 잘못된 삶을 용서하고, 잘 살아온 자신과 타인에게 감사의 절을 할 수 있을 때 여러분이 살아갈 삶은 행복할 수 있습니다.

남은 생을 어떻게 살아갈 것인지에 대한 선택 역시 오로지 당신 자신에게 달려 있습니다.

11 실버 세대
자비명상 프로그램

1) 후회 없는 삶

실버세대는 자신이 살아온 지난 삶을 되돌아보고 남은 생을 후회 없이 행복하게 살아가는 것을 목표로 설정하는 것이 좋습니다. 자신이 살아온 삶을 전체적으로 돌아보되 잘 살아온 점에 대해서는 자신감을 가지고, 마음에 걸려있는 부분에 대해서는 해소해야 합니다. 사람과 관계되는 갈등이 있었다거나 응어리가 있는 경우는 풀 수 있도록 합니다.

2) 전체 일정과 구성

첫째 날에는 친구를 만나고 서로 소개를 하는 시간과 자신에 대해 친구에게 이야기하는 시간이 있습니다. 둘째 날에는 자기 긍정명상으로 자신에 대한 자비심을 기르고, 내가 살아온 삶에서 마음이 불편했거나 걸려있는 사람을 용서하고 마음을 푸는 시간입니다. 저녁에 하는 '구름이 흩어지고'에서는 유서 쓰기와 함께 남은 삶을 어떻게 살아갈 지에 대해 고민해 보는 시간이 될 것입니다. 셋째 날에는 함께 참가한 사람들의 행복을 기원하는 자비의 절을 하는 시간이 있습니다. 실버세대의 프로그램인 만큼 일정을 여유롭게 계획하고 진행하는 것이 좋습니다.

3) 진행상의 유의점

실버세대는 자신이 살아온 삶에 대해 생각할 때 잘못 살아온 부분에 대해 후회를 하는 경우가 많습니다. 그러한 마음을 건강하게 풀 수 있는 기회를 주고, 미운 마음이 있는 대상에게는 응어리를 풀 수 있도록 도와야 합니다. 그래서 자신이 살아온 삶을 건강하게 통합하고 남은 생을 후회 없이 살아가도록 해야 합니다.

4) 자비명상 프로그램

(1) 상담 프로그램
① 내가 살아온 삶 - 인생곡선
자신이 살아온 삶을 돌아보고 그 의미를 돌아볼 수 있도록 진행합니다. 자신의 살아온 삶을 인생곡선으로 그리게 한 뒤, 그 과정에서 자신이 겪어온 일들을 반추해 봅니다. 후회와 회한이 일어나겠지만, 자신이 살아온 삶을 긍정하고 통합하는 데 중점을 둡니다.

② 영정사진 만들기
- 지금부터 사진을 찍도록 하겠습니다. 표정을 지어주세요. 이 사진은 영정사진이 될 것입니다.
- 프로그램을 시작할 때 찍은 사진을 나누어주고 그것에 하고 싶은 말이나 유언을 하게 합니다.

③ 구름이 흩어지고 모이듯이
죽음은 받아들이기 힘든 면이 있지만, 실버세대들에게는 좀 더 가까이 다가와 있는 두려움이자 숙제입니다. 이 프로그램을 통해 좀더 건강하고 편안하게 죽음을 받아들이는 연습을 하고, 그 힘으로 남은 생을 알차게 살아갈 수 있을 것입니다.
죽음을 편안하고 행복하게 맞이할 수 있는 명상 수행을 권하거나 가르치는 것도 의미가 있다고 여겨집니다.

④ 내가 나눌 수 있는 것들

남은 시간 동안 남을 위해서 자신이 나눌 수 있는 것들을 찾아보는 시간입니다. 지식이나 경험, 노하우, 재산, 웃음, 봉사 등등 자신이 할 수 있는 일을 찾아서 사회로 돌아갔을 때 좀더 적극적인 삶을 살도록 하는 데 목적이 있습니다.

진행 tip

실버세대는 이전까지 하지 못했던 경험을 새롭게 하면서 적극적으로 사는 사람들도 있지만, 많은 사람들이 돌아온 삶을 후회하고 자책하는 데 시간을 보내기도 합니다. 자신이 살아온 삶을 관조하고 최선을 다한 자신의 노력을 칭찬하고 인정하는 것이 필요합니다. 그렇게 함으로써 남은 삶을 행복하게 살 수 있습니다.

그리고 자신이 아닌 타인이나 사회를 위해 할 수 있는 일을 찾음으로써 존재감을 느끼고, 사회에 일조를 할 수 있다는 뿌듯함을 느끼게 하는 것이 도움이 됩니다.

(2) 명상 프로그램

둘째 날 자기 긍정명상을 하고 난 뒤 가족 긍정명상과 용서 자비명상을 합니다. 마지막 날에는 함께 참가한 사람들을 위한 절명상을 하게 됩니다.

① 용서 자비명상

눈을 감고 마음을 살펴보십시오. 먼저 자신에 대한 미움이 있다면 떠올려 보십시오. 그럴 수밖에 없는 상황을 생각해 보시기 바랍니다. 그리고 살아오면서 미워했거나 지금도 용서가 되지 않은 사람이 있으면 떠올려 보시기 바랍니다. 무엇 때문에 내 마음이 상했으며 미워하게 됐는지 기억해 보시기 바랍니다.

마음의 응어리 풀기
자신에 대한 미움을 덜어내고, 타인에게 받았던 상처를 해소함으로써 마음을 풀 뿐만 아니라 미움이나 응어리진 마음이 있음으로 인해 불편한 마음을 정화시키는 것을 목표로 합니다. 그 결과 지나온 삶을 잘 통합할 수 있으며 남은 생도 건강하게 살아갈 것입니다.

진행 방법
- 자신에게 용서되지 않는 부분이 있다면 이야기합니다.
- 그리고 자신에게 자비명상을 보냅니다.
- 미워하는 사람이나 상처받은 사건에 대해 이야기를 합니다.
- 구성원이 모두 이야기를 하고 난 뒤 서로 마음을 이야기

합니다.
- 모든 구성원의 이야기가 끝나면 눈을 감고, 그 사람에게 자비명상을 합니다.
- 마지막으로 개인 명상시간을 통해 각자의 마음에 있었던 미워하는 대상에게 자비명상을 합니다.

주의할 점
- 묵었던 부정적인 감정을 먼저 해소시키게 해 줍니다.
- 미움이 사라지고 난 뒤 용서 자비 명상문구를 암송합니다.
- 자신을 용서하는 것은 살아온 삶을 편안하게 마무리하는 데 도움을 줍니다.

5) 일정표 - 부록 11 참조

부록

부록1_ 진행자 자신을 위한 자비명상 일정표

시간	첫째날	둘째날
05:00		108배 자비명상
06:00		걷기 명상
07:00		아침 공양
08:00		자비명상 2 긍정 바퀴 그리기
09:00		
10:00		단점 뒤집어 보기
11:00		미래의 나 칭찬하기
12:00		점심공양 · 회향
13:00	108배 자비명상	
14:00	가족/친구가 소개하는 나	
15:00	자비명상 1 나 긍정하기	
16:00	이것이 나입니다 - 내면의 나 만나기	
17:00		
18:00	걷기 명상	
19:00	저녁공양/휴식	
20:30	유서 쓰기&용서명상	
21:30		
22:30	누워서 하는 명상	
23:00	취침	

부록 2 _ 일반인을 위한 자비명상 일정표 1 / 2박 3일용

시간	첫째날	둘째날	셋째날
03:00		기상	
03:30		예불 · 108배 자비명상	
04:00		새벽 숲길 걷기 명상	
05:00		앉아서 하는 명상	
06:00		아침공양(발우)	
07:00		울력	
08:00		휴식과 산책	스님과 차 마시기
09:00		자비명상 1 나 긍정명상	자비명상 3 타인을 존중하는 절 명상
10:00			
11:00			
12:00	점심공양(뷔페)	점심공양(발우)	점심공양(뷔페)
13:00	접수	자유시간	회향
14:00	입제 · 예불문 · 사찰 안내	우리 가족 이야기	
15:00	자기 소개와 친분 쌓기		
16:00		자비명상 2 가족 긍정 명상	
17:00	저녁공양(발우)	저녁공양(떼발우)	
18:00	저녁예불(타종 체험)	저녁예불(타종 체험)	
19:00	휴식 · 산책	휴식 · 산책	
20:00	이것이 나입니다	구름이 흩어지고 모이듯이	
21:00	누워서 하는 명상	누워서 하는 명상	
22:00	취침	취침	

일반인을 위한 자비명상 일정표 2 / 1박 2일용

시간	첫째날	둘째날
03:00		기상
03:30		예불 · 108배 자비명상
04:00		
05:00		새벽 숲길 걷기 명상
		앉아서 하는 명상
06:00		아침공양(발우)
07:00		울력
08:00		스님과 차를 나누며
09:00		자비명상 1 나를 긍정하는 명상
10:00		
11:00		자비명상 2 타인을 존중하는 절 명상
12:00	점심공양	점심공양 · 회향
13:00	접수	
14:00	입제 · 예불문 · 사찰 안내	
15:00	자기 소개와 친분 쌓기	
16:00		
17:00	저녁공양(발우)	
18:00	저녁공양(타종 체험)	
19:00	휴식 · 산책	
20:00	'이것이 나입니다' 또는 '쌀 명상'	
21:00	누워서 하는 명상	
22:00	취침	

부록 3 _ 부부 자비명상 일정표

시간	첫째날	둘째날	셋째날
03:00		기상	
03:30		예불 · 108배 자비명상	
04:00		새벽 숲길 걷기 명상	
05:00		앉아서 하는 명상	
06:00		아침공양(발우)	
07:00		울력	
08:00		휴식과 산책	스님과 차 마시기
09:00		내 배우자는 이래요	자비명상 3
10:00			배우자를 존중하는
11:00		난 이런 배우자를 원해요	절 명상
12:00	점심공양(뷔페)	점심공양(발우)	점심공양(뷔페)
13:00	접수	자유시간	회향
14:00	입제 · 예불문 · 사찰 안내	자비명상 1 나 긍정명상	
15:00	자기 소개와 친분 쌓기		
16:00		자비명상 2 배우자 긍정명상	
17:00	저녁공양(발우)	저녁공양(떼발우)	
18:00	저녁예불(타종 체험)	저녁예불(타종 체험)	
19:00	휴식 · 산책	휴식 · 산책	
20:00	'여보! 이것이 나입니다' 또는 '쌀 명상'	구름이 흩어지고 모이듯이	
21:00	누워서 하는 명상	누워서 하는 명상	
22:00	취침	취침	

부록 4 _ 가족 자비명상 일정표

시간	첫째날	둘째날	셋째날
03:00		기상	
03:30		예불 · 108배 자비명상	
04:00		새벽 숲길 걷기 명상	
05:00		앉아서 하는 명상	
06:00		아침공양(발우)	
07:00		울력	
08:00		휴식과 산책	스님과 차 마시기
09:00		가족으로 인한 고통	자비명상 3 가족을 존중하는 절 명상
10:00		난 이런 가족을 원해요	
11:00			
12:00	점심공양(뷔페)	점심공양(뷔페)	점심공양(뷔페)
13:00	접수	자유시간	회향
14:00	입제 · 예불문 · 사찰 안내	가족 개인 인생 곡선	
15:00	자기 소개와 친분 쌓기	자비명상 2 가족 긍정명상	
16:00			
17:00	저녁공양(발우)	저녁 가족공양	
18:00	저녁예불(타종 체험)	저녁예불(타종 체험)	
19:00	휴식 · 산책	휴식 · 산책	
20:00	자비명상 1 개인 긍정 명상	구름이 흩어지고 모이듯이	
21:00	누워서 하는 명상	누워서 하는 명상	
22:00	취침	취침	

부록 5 _ 직장인 자비명상 일정표

시간	첫째날	둘째날	셋째날
03:00		기상	
03:30		예불 · 108배 자비명상	
04:00		새벽 숲길 걷기 명상	
05:00		앉아서 하는 명상	
06:00		아침공양(발우)	
07:00		울력	
08:00		휴식과 산책	스님과 차 마시기
09:00		직장 속의 나 －나의 하루	자비명상 3 동료를 존중하는 절 명상
10:00			
11:00			
12:00	점심공양(뷔페)	점심공양(발우)	점심공양(뷔페)
13:00	접수	자유시간	회향
14:00	입제 · 예불문 · 사찰 안내	마음 나누기	
15:00	자기 소개와 친분 쌓기		
16:00		자비명상 2 동료 · 상사 긍정 명상	
17:00	저녁공양(발우)	저녁공양(떼발우)	
18:00	저녁예불(타종 체험)	저녁예불(타종체험)	
19:00	휴식 · 산책	휴식 · 산책	
20:00	자비명상 1 나 긍정명상	구름이 흩어지고 모이듯이	
21:00	누워서 하는 명상	누워서 하는 명상	
22:00	취침	취침	

부록 6 _ 교사 자비명상 일정표

시간	첫째날	둘째날	셋째날
03:00		기상	
03:30		예불	
04:00		나에게 하는 108배 자비명상	
05:00		나 자비명상	
06:00		새벽 숲길 걷기 명상	
		아침공양	
07:00		휴식	
08:00		학생(학부모)들에게 받은 상처	차 마시기
09:00			
10:00		나 긍정(자비)명상 -장점 찾기	천상천하 유아독존 -나는 소중한 사람입니다
11:00			
12:00		점심공양	점심공양
13:00		칭찬하기 실습	회향
14:00			
15:00	자기 소개 -ice breaking	산행이나 물놀이	
16:00			
17:00	저녁공양	저녁공양	
18:00	저녁예불-타종	저녁예불	
19:00	This is me (이것이 나입니다)	-아이들과 함께 하는 자비명상(용서명상)	
20:00			
21:00	교사, 틀을 깨다- 개싸움, 희로애락	죽음을 넘어서 -내가 살아야 하는 이유	
22:00	누워서 하는 명상	누워서 하는 명상	

부록 7 _ 외국인 자비명상 일정표

시간	첫째날	둘째날	셋째날
03:00		기상	
03:30		예불 · 108배 자비명상	
04:00		새벽 숲길 걷기 명상	
05:00		앉아서 하는 명상	
06:00		아침공양(발우)	
07:00		울력	
08:00		휴식과 산책	스님과 차 마시기
09:00		단청(전통문양) 그리기	자비명상 2 타인을 존중하는 절 명상
10:00			
11:00			
12:00	점심공양(뷔페)	점심공양(발우)	점심공양(뷔페)
13:00	접수	자유시간	회향
14:00	입제 · 예불문 · 사찰 안내	연등 만들기	
15:00	자기 소개와 친분 쌓기		
16:00			
17:00	저녁공양(발우)	저녁공양(떼발우)	
18:00	저녁예불(타종체험)	저녁예불(타종체험)	
19:00	휴식 · 산책	휴식 · 산책	
20:00	자비명상 1 '나 긍정명상' 또는 '쌀 명상'	108염주 만들기 염불	
21:00	누워서 하는 명상	누워서 하는 명상	
22:00	취침	취침	

부록 8 _ 어린이 자비명상 일정표

시간	첫째날	둘째날	셋째날
05:00		예불 · 108배 자비명상	
06:00		아침공양(발우)	
07:00		울력-함께 일해요	
08:00		활동 게임	활동 게임
09:00		나를 화나게 하는 것들 즐겁게 하는 것	자비명상 3 친구를 존중하는 절 명상
10:00			
11:00		협동화 그리기	
12:00	점심공양(뷔페)	점심공양(뷔페)	점심공양(뷔페)
13:00	접수	자유시간	회향
14:00	입제 · 예불문 · 사찰 안내	가족에게 불만 있어요	
15:00	자기 소개와 친분 쌓기		
16:00		진흙으로 마음 만들기	
17:00	저녁공양(발우)	저녁공양(떼발우)	
18:00	저녁예불(타종 체험)	저녁예불(타종 체험)	
19:00	활동 게임	활동 게임	
20:00	자비명상 1 '나 긍정명상' 또는 "쌀 명상" 누워서 하는 명상	자비명상 2 가족 긍정 명상 누워서 하는 명상	
21:00	취침	취침	

부록 9 _ 청소년 자비명상 일정표 / 3박 4일용

시간	첫째날 새로운 친구들	둘째날 가족과 나	셋째날 나 자신	마지막날 세상으로
03:00~03:30	출발 이동	기상	기상	기상
03:30~04:00		예불과 108배 자비명상	예불과 108배 자비명상	예불과 108배 자비명상
04:30~05:30		새벽 숲길 걷기 명상		
06:00~07:30		아침 공양	아침 공양	아침 공양
08:00~09:00		울력	울력	당신은 소중합니다 -함께하는 명상
09:30~12:00		상상의 나라	내가 살아남아야 하는 이유 -자비명상	소감 쓰기나 말하기
				수료식
12:00~13:30		점심(발우공양)	점심	점심
13:30~14:30	도착 및 생활안내	가족지도 그리기 -가족 자비명상	맨발 산행	세상으로
14:30~15:30				
15:30~16:30	입소식	목욕하기, 개싸움		
16:30~18:00	눈으로 말해요	내가 살아온 시간들 -타인 자비명상		
18:00~19:30	저녁	저녁(발우공양)	저녁(떼발우)	
19:30~21:00	나는 너 너는 나 -나 자비명상	용기가 없어서 부끄러워서 못한 것들	유서 쓰기 -자비명상	
21:00~22:00	취침 -누워서 하는 명상	취침 -누워서 하는 명상	취침 -누워서 하는 명상	
22:00~23:00		지도자 평가회의		

부록 10 _ 대학생 자비명상 일정표

시간	첫째날	둘째날	셋째날
03:00		기상	
03:30		예불 · 108배 자비명상	
04:00		새벽 숲길 걷기 명상	
05:00		앉아서 하는 명상	
06:00		아침공양(발우)	
07:00		울력	
08:00		휴식과 산책	스님과 차 마시기
09:00		자비명상 1 나 긍정명상	구나, 겠지, 감사
10:00			자비명상 3 타인을 존중하는 절 명상
11:00			
12:00	점심공양(뷔페)	점심공양(발우)	점심공양(뷔페)
13:00	접수	내가 살고 있는 삶 살고 싶은 삶	회향
14:00	입제 · 예불문 · 사찰 안내		
15:00	자기 소개와 친분 쌓기	자비명상 2 부모 긍정명상	
16:00			
17:00	저녁공양(발우)	저녁공양(떼발우)	
18:00	저녁예불(타종 체험)	저녁예불(타종체험)	
19:00	휴식 · 산책	휴식 · 산책	
20:00	이것이 나입니다 또는 쌀 감사명상	구름이 흩어지고 모이듯이	
21:00	몸과 마음 바라보기	누워서 하는 명상	
22:00	취침	취침	

부록 11 _ **실버세대 자비명상 일정표**

시간	첫째날	둘째날	셋째날
03:00		기상	
03:30		예불 · 108배 자비명상	
04:00		새벽 숲길 걷기 명상	
05:00		앉아서 하는 명상	
06:00		아침공양(발우)	
07:00		울력	
08:00		휴식과 산책	스님과 차 마시기
09:00		자비명상 1 나 긍정명상	내가 나눌 수 있는 것들
10:00			
11:00			자비명상 4 타인을 존중하는 절 명상
12:00	점심공양(뷔페)	점심공양(뷔페)	점심공양(뷔페)
13:00	접수	자비명상 2 가족 긍정명상	회향
14:00	입제 · 예불문 · 사찰 안내		
15:00	자기 소개와 친분 쌓기	자비명상 3 용서 자비명상	
16:00			
17:00	저녁공양(발우)	저녁공양(떼발우)	
18:00	저녁예불(타종체험)	저녁예불(타종체험)	
19:00	내가 살아온 삶 & 영정사진 찍기	구름이 흩어지고 모이듯이 -살고 싶은 생	
20:00			
21:00	누워서 하는 명상	누워서 하는 명상	

부록 12 _ **칭찬 연습지**

1. 부모님, 자녀, 배우자, 직장동료, 상사의 장점을 10가지 정도 적어보세요.

어머니	아버지

아들	딸

직장동료	상사

배우자

2. 아래의 예와 같이 위에서 3단계에 맞춰 자신과 타인을 칭찬해보자.

'요리를 잘 한다'에게 3 단계의 적용 예
① 1단계 칭찬 : 음식을 잘하시네요.
② 2단계 칭찬 : 음식 간도 맞고 깔끔하게 음식이 담아져있어 군침이 돌고 그릇도 예뻐서 조화롭게 상차림이 되어 있네요.
③ 3단계 칭찬 : 당신은 정말 센스 있고 꼼꼼하고 정성을 다하고 성실하고 열성적이며 최선을 다하여 일 처리를 완벽하게 하는 책임감 있는 사람이네요.

〈 칭찬 연습지 〉

칭찬 대상	1단계 (표면적인 특징, 그에 대한 전체적 이미지나 느낌.)	2단계 (관찰한 구체적 근거사실들, 일상생활모습)	3단계 (인간성, 성장욕구 등 2단계에서 추정되는 그의 인간성, 숨은 의도.)
마가	멋지다 당당하다 포교에 적극적이다	스님이 필요하다고 하면 어떤 곳이던 지원을 한다. 자비명상에 대해 뚜렷한 소신을 가지고 있다.	스님으로서 본분에 충실하고 책임감이 강하고, 자비심이 많은 분. 인간의 행복에 관심이 많은 분.
나			

부록 13 _ 프로그램과 함께 하는 느낌 노트

1. 오늘 무슨 일이 있었습니까?(무엇을 했습니까?)

2. 어떤 기분이나 느낌이었습니까?

3. 이 활동에서 발견한 나의 특성이나 장점은?

4. 나에 대해 알게 된 점이나 연관된 과거 삶을 찾아보세요!!

부록 14 _ 다음을 완성하세요

나는 이런 사람입니다

참고문헌

김영동 (2005). 생명의 소리. CD.
김열권 편저(1995), 위빠사나 Ⅰ, Ⅱ. 불광출판사.
김정규(1995), 게슈탈트 심리 치료. 학지사.
김창오, 송형오(2005), 교사대화훈련초급. 즐거운 학교.
따담마란디, 담마마까(2006), 위빠사나(혜송 엮음), 호두마을.
마가 · 이주영(2005), 내 안에서 찾는 붓다, 무한.
마가 · 이주영(2006), 내 마음 바로 보기, 홍익출판사.
마하시(1954), 깨달음으로 이끄는 명상(정동하 역), 경서원.
샤론 살스버그(2005), 붓다의 러브레터(김재성 역), 정신세계사.
새불교 원초불교(1996) 수행편(1) 자비관, 고요한 소리.
우 빤디따(1991), 위빠사나 수행의 길(김재성 역), 호두마을.
용타(1997), 마음 알기 다루기 나누기, 대원정사.
이윤주 외 3인 공저(2000), 초심상담자를 위한 집단상담기법. 학지사.
정준영(2005), 최상의 행복에 이르는 길 - 위빠사나, 호두마을.
참교육상담소(1995), 학생상담 어떻게 할 것인가, 푸른나무.
템플스테이사무국(2005), 템플스테이 운영지침서, 조계종 템플스테이 사무국.
Buddhaghosa(2005). 청정도론 2(Visuddhimagga), 대림 스님 역, 제9장, 울산: 초기불전연구원(원전출판연도 5세기경).
Corey. G. (1996), 집단상담 과정과 실제(김명권, 김창대, 박애선, 전종국, 천성문 역.) 서울: 시그마프레스, 원제: Groups: Process and Practice(5th ed.).
Holland, D.(2004), Integrating Mindfulness meditation and Somatic awareness into a Public Educational setting. Journal of Humanistic Psychology, 44(4), 464-484.
Palmer, H. (1997). 다시 떠오르기(문진희, 일루, 손인국, 이균형 역). 서울 : 정신세계사, 원제: Resurfacing.
이주영(2002), 게슈탈트 집단상담이 교사의 자기 효능감에 미치는 효과, 한국교원대학교 석사 학위논문.

●●● 후기

　　세상을 살아가면서 많은 일들에 감사하지만 부처님의 가르침인 명상을 만난 것과 상담공부를 하게 된 것이 가장 고마운 일입니다. 명상을 통해 마음의 고요함과 부처님의 가르침의 정확함을 경험했다면, 상담을 통해서는 세상 사람들의 아픔과 고통을 함께할 수 있었습니다.
　　삶에서 만났던 고통을 계기로 불교와 상담을 선택하였지만, 지금 돌이켜보면 고통 역시 고개 숙여 감사할 일입니다. 그때의 아픔과 상처가 없었다면 저는 지금과는 다른 길을 걸었을 테니까요.
　　미흡하나마 제 인생에 고마움을 준 두 가지가 합쳐진 프로그램이 책으로 나올 수 있어서 기쁩니다. 편집 원고를 마무리하는 순간, 자비명상에 참가한 많은 분들에게 감사함이 올라왔습니다. 직장에서 받은 스트레스를 웃음으로 푸시던 팀장님! 울면서 서로를 안아주던 부부! 학생에게 한 모진 말을 반성하며 울던 선생님! 성적에 쫓겨서 살아온 자신을 돌아보던 대학생! 여러분들이 마음을 나누지 않았다면 이 책은 나오지 못했을 것입니다. 여러분들과 함께 웃고 울면서 배려와 행복을 선물 받았습니다. 모두 모두 감사합니다.

끝으로 저를 믿어주는 가족과 10년간 모난 성격을 정으로 열심히 두드려 준 도반에게, 가르침을 주신 스승들과 마음의 폭을 넓혀준 내담자들에게 감사의 절을 올립니다.

하늘이 눈 시리게 푸른 날
이주영

고마워요
자비명상

2007년 7월 7일 초판발행
2013년 8월 2일 초판6쇄

지은이/마가 스님 · 이주영
발행인/박상근(至弘)
펴낸곳/불광출판사

110-140 서울시 종로구 수송동 46-21 3층
대표전화 (02) 420-3200
편 집 부 (02) 420-3300
팩스밀리 (02) 420-3400
http://www.bulkwang.co.kr

등록번호 제1-183호.(1979. 10. 10)
ISBN 978-89-7479-543-6

● 잘못된 책은 바꾸어 드립니다.
값 14,000원